Rose Marie Donhauser

# BRATEN

## Der Klassiker neu entdeckt

SEEHAMER
KOCHBUCH
Garantiert gut

# Inhalt

# Den Braten gerochen ...

Verlockender Duft umschmeichelt die Nase, Appetit meldet sich, Wasser läuft im Mund zusammen: Neugierig streunen die Familienmitglieder, Freunde oder Gäste um die Küche und versuchen, einen Blick in den Ofen zu erhaschen. Wärme breitet sich aus, die Vorfreude wächst. Der Tisch ist gedeckt, der Wein steht bereit – endlich wird die Ofentür geöffnet, die ganze Pracht offenbart sich und es heißt: „Alle zu Tisch, es ist serviert."

Diese gedanklichen Assoziationen, den Wohlgeruch imaginär einatmend, den Geschmack am Gaumen spürend: Das ist es, was wir so lieben! Alle an einem Tisch, ungezwungene Atmosphäre, der „Haushaltsvorstand" den Braten tranchierend: So lässt es sich wohlfühlen! Mögen auch oftmals Mahlzeiten nur nebenbei stattfinden, das Fertiggericht aus der Tiefkühltruhe auf direktem Wege in die Mikrowelle befördert und quasi nebenbei verzehrt werden, so schätzen wir doch die Vorfreude und entspannende Muße, die mit dem Warten auf einen langsam im Ofen schmurgelnden Braten verbunden ist. Und genau das macht den Reiz aus, um anschließend in vollen Zügen miteinander genießen zu können.

## Lange Tradition

Das Braten großer Fleischstücke gilt als die älteste Zubereitungsform warmer Mahlzeiten. Archäologen und Prähistoriker fanden aus jenen Urzeiten, als die Menschen das Feuer entdecken, keine erkennbaren Zeichen für andere Gar- oder Kochmethoden. Es ist anzunehmen, dass über einen Zeitraum von mehreren zehntausend Jahren Fleischstücke einfach nur über offenem Feuer gebraten wurden.

Mit der Zeit wurde die Methode verfeinert: Das rohe Fleisch wurde in Lehm eingehüllt, das sanftere Schmurgeln brachte schmackhaftere Ergebnisse hervor. Die Technik, Fleisch in abgedeckten Erdgruben mit Hilfe heißer Steine, die die Hitze hielten, zu garen, war weit verbreitet. Dieses simple System wird heute noch mancherorts praktiziert, so zum Beispiel in Neuseeland oder Australien.

Neuerungen wie Kochkisten und Gemeinschaftsöfen kamen erst in den letzten Jahrhunderten in Gebrauch. Die Mahlzeiten wurden damit immer besser und raffinierter: In Behältern liegend, geschützt vor dem offenen Feuer, wurde das Fleisch sanfter gegart. Schließlich wurde der eigene Herd, mit Holz oder Kohle befeuert, normaler Küchenstandard. Erst mit Gasbetrieb allerdings klappte die Hitzeregulierung zufriedenstellend.

## Die richtigen Geräte

Profiköche schwören auch heute noch auf die Vorzüge eines Gasherdes und auch Gourmets und Hobbyköche schätzen die genauen Regulierungsmöglichkeiten: Gas ist entweder an oder aus – kein langes Vorheizen, keine ungewollte Nachwärme!

Elektrisch betriebene Herde haben andere Vorzüge: Sie lassen sich inzwischen sogar auf Beginn und Ende der benötigten Garzeit programmieren, wobei das Vorheizen und langsame Abkühlen des Ofens mit berücksichtigt werden muss. Neueste Hightech-Geräte reinigen sich sogar selbst blitzeblank, die einstellbaren Programme und Grillstufen werden immer ausgeklügelter ...

Die Auswahl ist groß, guter Rat oft teuer – schließlich entscheiden nicht Optik, sondern Funktionalität, Robustheit und Lebensdauer über das zu erwerbende Stück. Manche Herde sind derart teuer, dass man glauben könnte, der Preis allein sei Gewähr für das Koch-Gelingen. Weit gefehlt! Meist tut es der einfache Ofen ebenso wie das hochpreisige Schmuckstück. Man muss nur an seine eigenen Fähigkeiten beim Kochen glauben – der Rest ergibt sich dann.

Auch bei Töpfen ist die Auswahl riesig: Zum Braten eignen sich allerdings gusseiserne schwarze Bräter besser als Edelstahltöpfe. Tontöpfe wie Römer- und Poulettopf sind immer beliebt, denn sie sind einfach in der Handhabung und bescheren reichlich Bratensaft und -sauce. Es gilt nur zu beachten, dass sie vor der Benutzung lange gewässert und stets in das kalte Backrohr geschoben werden müssen.

# Sonntags: Braten!

Fleisch ist ein wichtiger Eiweiß-, Eisen- und Vitaminlieferant. Man sollte den Bedarf an tierischem Eiweiß nicht unter-, aber auch nicht überschätzen. Wichtig ist stets ein ausgewogener Mittelweg, um sich konstant einer guten Konstitution und entsprechendem Wohlbefinden zu erfreuen.

An dieser Stelle erinnere ich gerne daran, dass die Menschen früher schlichtweg zu wenig Geld hatten, um sich jeden Tag Fleisch kaufen zu können. Folglich kam nur Sonntags ein großes Stück auf den Tisch. Unbewusst ernährte man sich dadurch vernünftig, weil der Körper nicht mit täglichem Fleischkonsum überfordert wurde. Fleisch ist durchaus ein Stück Lebenskraft, aber das Maß der Dinge ist entscheidend! Zivilisationskrankheiten haben oft ihre Ursache in einseitiger Ernährung sowie darin, dass zu viel und zu üppig gegessen wird. Gönnen Sie Ihrem Körper Abwechslung in Bezug auf Ihre Ernährung! Mit dieser Einstellung wird Ihnen der heiß geliebte Sonntagsbraten nicht nur wohl schmecken, sondern letztlich Körper und Seele gut tun.

# Was darf's denn sein?

Der Blick in die Auslage des Metzgers oder in die gut sortierte Kühl- oder Tiefkühltheke des Supermarktes lässt das „Braten-Herz“ höher schlagen: Die großen Fleischstücke vom Schwein, Rind, Kalb, Lamm und Ziege dominieren. Daneben gibt es eine stattliche Auswahl an Hähnchen, Stubenküken, Puten, Enten und Gänsen sowie Wild, hauptsächlich Hirsch, Reh, Hase und Wildschwein. In großen Märkten sind sogar „exotische“ Arten wie Känguru, Elch und Krokodil im Angebot. Heimische Wachteln und Rebhühner muss man hingegen meist in speziellen Wildfachgeschäften besorgen.

Die Deutschen greifen bevorzugt zum Schweinefleisch. Es gilt als Klassiker für den Sonntagsbraten und verspricht, wenn es eine schöne Schwarte hat, eine leckere Kruste. Rind- und Kalbfleisch stehen in der Gunst der Verbraucher an zweiter Stelle. Geflügelfleisch ist zwar ebenfalls sehr beliebt, aber eher in Portionsstücken und nicht als große Bratenstücke.

In diesem Buch finden Sie eine stattliche Auswahl an Rezepten für alle gängigen Fleischsorten, die problemlos als küchenfertige Braten zu bekommen sind.

# Hygienisch gelagert

In Supermärkten wird Fleisch in Portionsstücken – in Folie verpackt und mit einem Haltbarkeitsdatum versehen – angeboten. Sollten Sie es nicht am Tag des Einkaufes verwenden, so können Sie das Fleisch in der Verpackung bis zum Ablauf des Datums im Kühlschrank aufbewahren. Frisches, unverpacktes Fleisch aus dem Fachgeschäft sollten Sie nicht länger als zwei Tage im Kühlschrank lagern.

Für Vorratshaltung gekauftes Fleisch sofort in den Tiefkühlschrank geben, nicht mehr im Kühlschrank zwischenlagern! Das Fleisch immer so in den Tiefkühler geben, dass es im gefrorenen Zustand aus der Verpackung genommen werden kann. Zur Verwendung das tiefgekühlte Fleisch bereits einen Tag vor der Zubereitung im Kühlschrank sanft auftauen lassen – nicht bei Zimmertemperatur! Dazu das Fleisch in einer Schüssel auf einen umgedrehten Teller legen und abgedeckt in den Kühlschrank stellen. Aus hygienischen Gründen sollte das Fleisch nicht in der Auftauflüssigkeit liegen.

In allen Rezepten ist angegeben, dass frisches Fleisch vor der Verarbeitung unter fließendem kaltem Wasser gewaschen und anschließend mit Küchenpapier trockengetupft werden soll. Das hat hygienische Gründe, denn am Fleisch können kleinste Knochensplitter, Häutchen oder ausgetretene Fleischsäfte kleben, die beim Lagern entstehen.

Übrigens: Frisches Fleisch riecht nicht! Bei starkem oder gar penetrantem Geruch sollten Sie lieber die Finger davon lassen!

# So gelingt's!

In jedem Kapitel sind die einzelnen Fleischsorten von Schwein, Rind, Kalb, Geflügel, Lamm, Ziege und Wild ausführlich besprochen: Welche Stücke zu empfehlen sind, wie sie heißen und welche Garmethoden in Frage kommen. Allgemeines wie Qualitätsmerkmale, Garzeiten und Grundsätzliches zum Thema Fleisch verrate ich Ihnen hier:

Viele Küchenneulinge sind gerade bei großen Bratenstücken unsicher, wenn es um die Garzeiten geht. Wer kann schon einen Blick in das Innere werfen, um zu überprüfen, wie der Garzustand des Fleisches ist? Profiköche haben ihre Erfahrungswerte: Mit einem Daumendruck auf die Oberfläche des Bratenstückes wissen Sie, ob der „Kern", das Innere des Fleisches, roh, fast durch oder gut durchgebraten ist. Doch ich möchte Ihnen keine „Fingerproben" vermitteln – sondern ganz einfach auf Bratthermometer verweisen. Erhältlich sind sie in Haushaltswarengeschäften und Kaufhäusern. Sie werden mit der Spitze an der dicksten Stelle in das Fleischstücks gesteckt – aber achten Sie darauf, dass Sie nicht auf Knochen oder Fett stoßen, da die Temperatur dort höher ist! Das Thermometer zeigt die Kerntemperatur an. Aufgrund der abgelesenen Gradzahl wissen Sie, ob der Braten fertig ist. Bei den einzelnen Fleischarten stehen Hinweise auf die richtige Kerntemperatur.

Allerdings können Sie sich auf die angegebenen Garzeiten in den Rezepten verlassen: Der Braten wird auch ohne Bratthermometer genau richtig auf den Tisch kommen.

## Schweinefleisch

**Qualitätsmerkmale:**

Fleisch vom Schwein bildet die große Ausnahme beim Thema „Abhängen". Es schmeckt im Gegensatz zu anderen Fleischarten in den ersten Tagen nach dem Schlachten am besten. Es wird zwar nicht am Schlachttag verkauft, aber einen Tag später schon wird das blassrosa bis rosarote, saftige Fleisch verwendet – zum Braten, Schmoren oder Kochen.

**Die richtige Kerntemperatur:**

Haxe 85 °C, Hackbraten 80 °C, Schweinefilet 70 °C, Schweinebraten 80 °C

**Die richtige Menge:**

Pro Person etwa 250 g mit Knochen rechnen, wobei Schweinefleisch oft sehr wässrig sein kann (Qualitätsfrage) und der fertige Braten durch Wasserverlust zuviel an Gewicht verliert.

Lieber mehr einrechnen und Reste, siehe Tipps, anderweitig weiterverarbeiten oder fertigen Schweinebraten portionsweise einfrieren.

**Empfohlene Würzung:**

z.B. Salbei, Fenchel, Lorbeer, Rosmarin, Kümmel, Wacholderbeeren, Beifuß, Thymian, Petersilie

## Rindfleisch

**Qualitätsmerkmale:**

(Schlacht-)frisches Fleisch wird beim Kochen zäh. Erst durch das Abhängen wird das Fleisch mürbe und zart. Es soll beim Kauf eine kräftige rote Farbe (junge Tiere), oder blaurote Farbe (ältere Tiere) aufweisen.

**Die richtige Kerntemperatur:**

durchgebratenes Roastbeef 70 °C, Roastbeef medium 60 °C, Roastbeef roh (rare) 50 °C, Schmorbraten 90 °C,

**Die richtige Menge:**

Bei Schmorbraten und Braten ohne Knochen rechnet man für 4 Portionen ein Fleischstück von etwa 750 g.

**Empfohlene Würzung:**

z.B. scharfe Gewürze wie Chili, Pfeffer, Paprika, Meerrettich; auch Ingwer, Senf, Sojasauce, Knoblauch, Zwiebeln, Zimt, Gewürznelken, Kapern, Essiggurken

## Kalbfleisch

**Qualitätsmerkmale:**

Am besten schmeckt es, wenn es eine rosa bis dunkelrosa Farbe hat. Weißes bis blassrosa Fleisch ist meist von minderer Qualität. Das hängt im Wesentlichen von der Aufzucht und dem Alter der Tiere ab. Helles Fleisch deutet auf eine eisenarme Ernährung hin, das Fleisch enthält weniger Nährstoffe.

Kalbfleisch ist im Vergleich zu Schweine-, Rind- und Lammfleisch wesentlich fettärmer und hat somit weniger Kalorien. Im Gegensatz zu den genannten Fleischarten hat es allerdings einen etwas höheren Cholesteringehalt.

**Die richtige Kerntemperatur:**

Braten 80 °C, Haxe 85 °C

**Die richtige Menge:**

Gut berechnet 200 g pro Portion. Ein Bratenstück von etwa 750 g ohne Knochen reicht für 4 Portionen.

**Empfohlene Würzung:**

z.B. Estragon, Thymian, Safran, Zitrone, Knoblauch, Rosmarin, Salbei, Kapern

## Lamm- und Ziegenfleisch

**Qualitätsmerkmale:**

Das Fleisch sollte von sehr jungen **Schafen** oder **Lämmern** stammen. Milchlämmer schmecken am besten im Alter zwischen 3 und 4 Monaten, Mastlämmer werden im Alter zwischen 8 und 9 Monaten geschlachtet.

Frisches Lammfleisch soll angenehm riechen und von frischer roter Farbe sein. Je älter das Tier ist, umso fetter ist das Fleisch (wobei sich das Fett gut entfernen lässt). Ältere weibliche Tiere und kastrierte Schafe, Hammel, haben eher die Eigenschaft, tranig und sehr intensiv zu schmecken. Im Arabischen heißt „hamal" verstümmelt, was etwa „alter kastrierter Hammel" bedeutet.

Das Fleisch von **Ziegen** beziehungsweise vom Jungtier, dem **Zicklein**, ist nicht sehr verbreitet auf unserem Speisezettel. Rezepte dafür stammen eher aus dem Mittelmeerraum, wo das Fleisch gern verwendet wird.

Beim Kauf von Zicklein solten Sie spezielle Beratung im Fachgeschäft in Anspruch nehmen, ein „alter Bock" wäre enttäuschend als Festtagsschmaus.

**Die richtige Kerntemperatur:**

Braten 80 °C, Keule 80 °C

**Die richtige Menge:**

Keule mit Knochen für 4 Portionen gut 1 kg, ein Bratenstück ohne Knochen etwa 750 g.

**Empfohlene Würzung:**

z.B. Minze, Thymian, Rosmarin, Knoblauch, Oregano, Rosmarin, Salbei

## Wild

**Qualitätsmerkmale:**

Das allgemein magere Wildfleisch (80 Prozent weniger Fett als Rindfleisch) wird bei zu langen Garzeiten trocken und zäh. Darum wird es zumeist gebeizt, in Milch eingelegt oder mit Speck gespickt und umlegt.

Beliebtestes Wildfleisch ist **Rehfleisch**. Es liefert wohlschmeckendes, zartfaseriges und dunkles, rotbraunes Fleisch. Rehkitze und Rehe im Alter von etwa einem Jahr liefern die beste Qualität.

**Hirschfleisch** ist etwas kräftiger im Geschmack. Das Fleisch vom **Damwild** ist hell, zart und saftig. Das Fleisch von Hirschwild ist rotbraun und kräftiger im Geschmack als das von Damwild.

Beim **Wildschwein** stammt das beste Fleisch von jungen Tieren, den Frischlingen. Fleisch von älteren Tieren, die während der Paarungszeit erlegt wurden, riechen penetrant. Also Vorsicht beim Kauf!

**(Wild)kaninchen** ist sehr mager und neigt deshalb bei zu langer Garzeit zum Austrocknen. Das Fleisch ist hell und erinnert an Geflügelfleisch.

Das Fleisch von der **Gams (Gemse)** hat eine dunkelrote Farbe, ist sehr würzig im Geschmack, jedoch von viel Fett durchzogen. Kaufen Sie nur Fleisch von Kitzen oder Tieren, die nicht älter als ein Jahr sind.

**Die richtige Kerntemperatur:**

Rücken 70 °C, Keulen 70 °C

**Die richtige Menge:**

Pro Portion mit Knochen rechnet man gut 250 g.

**Empfohlene Würzung:**

z.B. Lorbeer, Thymian, Wacholder, Rotwein, Zitronenschale; auch Preiselbeeren, Kirschen, Birnen

## Geflügel

**Qualitätsmerkmale:**

Geflügelfleisch sollte grundsätzlich hell bis rosa sein, keinesfalls jedoch eine dunkle Farbe aufweisen. Die

Haut von frischem Geflügel ist weiß, nicht gelb – Ausnahme: Maishähnchen, die aufgrund ihres Futters eine gelbliche Färbung haben.

Tiefgefrorenes Geflügel nur in unbeschädigten Packungen kaufen. Nur so ist gewährleistet, dass kein Gefrierbrand entstanden ist. Zum Auftauen das Geflügel aus der Verpackung nehmen und in einer Schüssel auf einem umgedrehten Teller in den Kühlschrank legen. Nie in der Auftauflüssigkeit liegen lassen. Keinesfalls bei Zimmertemperatur auftauen!

Strikte Hygiene im Umgang mit Geflügel ist wichtig, denn die Häute sind ideale Nährböden für Salmonellen. Also: Geflügel immer außen und innen unter fließendem kaltem Wasser gründlich waschen und mit Küchenpapier trockentupfen. Messer, Schneidebrett und andere Utensilien, die mit dem rohen Geflügelfleisch in Berührung gekommen sind, immer sehr gründlich säubern!

Geflügelfleisch immer ganz durchbraten! Wenn man mit einer Gabel in das gegarte Fleisch sticht, muss der austretende Bratensaft klar sein. Sollte die Flüssigkeit eine rosa Farbe haben, ist das Geflügel noch nicht ganz durch. Keulen haben eine längere Garzeit als Brüste, daher dort kontrollieren!

**Die richtige Kerntemperatur:**

An der dicksten Stelle der Keule 85 °C

**Die richtige Menge:**

Gans von 3 bis 5 kg: 8 Portionen. Für 4 Portionen reicht eine Gans von etwa 2,5 kg.

Hühner/Hähnchen: Keulen 250 g , Brüste 200 g, Flügel etwa 300 g pro Portion. 1 ganzes Hähnchen von etwa 1,5 kg reicht für 4 Personen.

**Empfohlene Würzung:**

Bei Gänsen z.B. Beifuß, Petersilie und/oder gemischte Kräuter. Hähnchen und Puten: Melisse, Oregano, Thymian, Knoblauch, Salbei.

## Gut ausgeruht ...

Endlich ist der Braten fertig – aber halt: Das Fleisch muss erst noch ruhen! Es wurde bei hoher Temperatur im Ofen gebraten und dabei fließen die Fleischsäfte wegen der von außen eindringenden Hitze in die Mitte des Bratens. Das Fleisch ist „angespannt“. Das merken Sie auch daran, dass es sich bei Fingerdruck außen etwas hart anfühlt, obwohl es innen weich ist. Beim „Ausruhen“ oder „Nachziehen“ fließen die Säfte wieder zurück in alle Fleischfasern, das Fleisch entspannt sich. Per Fingerdruck können Sie das nachprüfen: Das Fleisch fühlt sich weicher an.

Sollten Sie das fertig gegarte Fleisch aus dem Ofen nehmen und sofort in Scheiben schneiden wollen, werden Sie nicht soviel Freude daran haben: Es lässt sich schlechter schneiden und der Fleischsaft fließt vom Schneidebrett, anstatt sich im Braten zu verteilen.

Zum Nachziehen wickeln Sie den fertigen Braten am Besten in Alufolie. Der reine gute Bratensaft, der während der Ruhezeit aus dem Fleisch austritt, kann sich darin sammeln. Diese köstliche Flüssigkeit nie weggießen, sondern in die Sauce geben!

## Aber bitte mit Sauce!

Bei den Rezepten in diesem Buch habe ich die klassische Art der Saucenzubereitung erklärt, denn industriell vorgefertigte Hilfsprodukte kann jeder verwenden und dazu braucht es kein Kochbuch ... Natürlich ärgert es oft, wenn der Braten zuwenig Saft hergibt und wenig Sauce entsteht, aber auch hier steht Qualität vor Quantität!

Das Angebot an fertigen Saucenbindern und -pulvern, Konzentraten, flüssigen Fertigsaucen und Bratensäften sowie Bratenpasten ist enorm. So hilfreich Fertigprodukte auch sein mögen – weil Sie Zeit sparen, keine Kochkünste erfordern und es tatsächlich etwas zeitaufwändig und nicht ganz einfach ist, eine gute Sauce herzustellen – die Sauce zum Braten sollte aus dem zu garendem Fleisch stammen! Das heißt, es handelt sich um den klaren Bratensaft, der je nach Fleischsorte und Rezept mit Wein, Sahne & Co. entsprechend „verlängert“ und gebunden werden kann.

Zum Thema Saucen finden Sie die Grundrezepte in diesem Buch ab Seite 147.

# Kleines Braten-Lexikon

**Bardieren:** Das Umwickeln mit Speck besonders magerer Fleischstücke, wie beispielsweise Geflügel und Wildfleisch.

**Beizen:** Aus der alten hochdeutschen Sprache stammt der Begriff „beiza“, der soviel wie Lauge, eben Beize heißt. Früher wurden aufgrund fehlender Kühlmöglichkeiten Lebensmittel in der Form konserviert, dass man sie „eingelegt“ hat, um die Haltbarkeit zu verlängern. Die Beize gibt aber dem Fleisch (oder Fisch) mehr Aroma, Würze, Frische und macht es zart und mürbe. Gebeizt wird immer mit sauren Flüssigkeiten aus Essig, Wein und Zitrone. Die Zugabe von Gewürzen richtet sich nach der Fleischart.

**Bräter:** Ein backofenfester, hitzebeständiger Behälter, meist ein schweres „Ungetüm“ mit hohen Wänden und einem Deckel; ideal für Braten- und Schmorgerichte. Die besten Bräter sind aus Gusseisen – einfach unverwüstlich.

**Bratensatz:** Ganz wichtiger Bestandteil bzw. Grundstock für eine gute Sauce. Beim Braten von Fleisch bleibt im Bräter oder auch in der Pfanne konzentrierter Fleischsaft, meist eingebrannt, zurück. Diesen mit Hilfe von Wasser, Brühe, Wein oder Sahne aufgießen und durch Rühren lösen.

**Degraissieren:** Das Ent- und Abfetten von Brühen, Suppen, Saucen und Fonds. Bei heißen und warmen Flüssigkeiten wird mit Hilfe von Küchenpapier entfettet, da das Fett auf der Flüssigkeit schwimmt. Dazu eine Lage Papier auf die Oberfläche legen, vollsaugen lassen und entfernen. Mehrmals wiederholen.

Bei kalten Flüssigkeiten geht es einfacher, weil sich die Fettschicht im Ganzen als starre „Platte“ von der Oberfläche abnehmen lässt.

**Fond:** Die Grundlage für jede gute Sauce bildet eine konzentrierte Brühe, in der Gemüse und Knochen (Karkassen) sowie Sehnen, Häute und überschüssiges Fett (Parüren) ausgekocht werden.

**Haarsieb:** Sehr feinmaschiges Sieb, das für die Herstellung von Saucen unentbehrlich ist. Kleinste Partikelchen wie Knochensplitterchen und Gemüsefasern bleiben beim Durchseihen darin hängen.

**Jus:** Sobald Sauce auf die Hälfte oder ein Drittel zu einem Konzentrat eingekocht wird, und dieses beim Erkalten geliert, ist es eine Jus. In der Umgangssprache bedeutet Jus einfach purer Fleischsaft.

**Karkasse:** Knochen von Fleischstücken bzw. Gräten von Fischen, die zum Auskochen für Brühen und Fonds ganz wichtig sind.

Wenn z.B. von einem Geflügel alles Fleisch tranchiert (abgeschnitten) wurde, kann das leere Knochengerüst kleiner gehackt und ausgekocht werden.

**Kasserolle:** Ein flacher Topf zum Schmoren oder Braten. Der Begriff stammt aus der Provence, „cassa“ bedeutet Ofen.

**Marinade:** Im Unterschied zu einer Beize ist das Wichtigste bei einer Marinade das Würzen und nicht das Haltbar- oder Mürbemachen.

Marinaden enthalten Salz, Beizen dagegen nicht. (Das französische Wort „marinier“ bedeutet meerwässern, salzen).

**Parüren:** Wenn Fleisch von Sehnen, Häuten und überschüssigem Fett befreit wird, nennt man das „parieren“. Die entfernten Stücke vom Fleisch oder Knochen sind die Parüren.

Für Saucen und Fonds sind sie ganz wichtig, also immer auskochen, nicht ungenutzt wegwerfen.

**Sud:** Ungewürzte oder gewürzte Flüssigkeit, in der Fisch, Fleisch oder Gemüse gekocht wurde. Nicht weggiessen, sondern diese aromatische Flüssigkeit zum Aufgießen und zur Zubereitung von Saucen verwenden.

**Tranchieren:** Das richtige Aufschneiden bzw. Zerlegen von Braten, Fisch oder Geflügel. Die Scheibe Fleisch oder Fisch nennt man „Tranche“.

Im Idealfall sollte mit Hilfe einer Gabel und eines scharfen Messers das Fleisch auf einem Schneidebrett (mit Saftrinne!) schräg zum Gespickten oder quer zur Faser geschnitten werden.

Manch ein großer Festtagsschmaus in Form einer Gans oder Ente wurde schon von unprofessionellen Gastgebern so malträtiert, dass man in diesem Fall nicht von tranchieren reden kann …

# Kalb- und Rind

# Bei Rindfleisch geraten Gourmets ins Philosophieren …

Bei Rindfleisch gibt es enorme Unterschiede! Gegessen wird es auch nicht überall – in Indien und Afrika beispielsweise werden Rinder als heilige Tiere verehrt. Doch wer Rindfleisch verzehrt, kann so einiges über seine Erfahrungen mit unterschiedlichster Qualität, wie beispielsweise butterweich auf der Zunge zergehend oder dem ewig langen Kochen von zähem Ochsenfleisch erzählen …

Weltweit gibt es über 100 verschiedene Rinderrassen und zahllose Kreuzungen, wobei jedoch nur etwa 30 Rassen für den menschlichen Verzehr gezüchtet werden, da sie exzellentes Fleisch in großen Mengen liefern. Das Angebot ist also groß, aber grundsätzlich sollten Sie lieber nur das kaufen, was der Metzger oder Bauer Ihres Vertrauens im Angebot hat.

Welches allerdings das beste Fleisch vom Rind ist, wird gerne anhand von Roastbeef, dem beliebtesten Stück Rindfleisch, diskutiert. Das Filet, gut geschützt unter dem Rücken liegend, ist zwar mit Abstand das zarteste und auch teuerste Stück vom Rind, aber Roastbeef aus der Lende wird ebenfalls hochgelobt und – rein statistisch gesehen – vorgezogen.

Bei der folgenden Aufzählung der beliebtesten Rinderassen werden Sie sicher einige kennen, bei anderen denken: „Das würde ich gerne mal probieren“: *Aberdeen Angus* aus Argentinien, *Aubrac*, *Belted Galloway* aus Schottland, *Blonde d'Aquitaine*, *Brangus*, *Charolais* aus Frankreich, *Deutsches Angus*, *Deutsches Fleckvieh*, *Deutsches Gelbvieh*, *Deutsches Shorthorn*, *Dexter*, *Fjaell-Rind*, *Galloway*, *Hereford*, *Highland-Cattle*, *Hinterwälder*, *Limousin*, *Luing*, *Piemontese*, *Pinzgauer*, *Pustertaler Schecken*, *Salers*, *Telemark*, *Uckermärker*, *Ungarisches Steppenrind*, *White Park Cattle*, *Wagyu*, *Weißblaue Belgier*, *Welsh Black*, *White Galloway* und *Zwergzebu*.

Das teuerste Rindfleisch weltweit stammt aus Japan. Das *Shimofuri*-Rind aus der Region Kobe erzielt astronomische Preise, doch das kommt nicht von ungefähr: Die Tiere werden gehegt und gepflegt, bekommen als Futter Reis, Bohnen und Bier (!) und werden täglich mit Sake oder Bier massiert. Das Ergebnis ist ein aromatisches, gleichmäßig mit zarten Fettadern marmoriertes Fleisch. Es gilt geschmacklich als „Rolls Royce“ unter den Rindfleischsorten.

Rindfleisch nennt man ganz allgemein das Fleisch von Jungbullen, Kälbern, Ochsen, Färsen und Kühen.

**Jungbullen** – männliche, nicht kastrierte Rinder, die im Alter zwischen 16 und 22 Monaten geschlachtet werden.

**Kälber** – Jungtiere, die im Alter von etwa 4 Monaten und mit einem Gewicht von bis zu 150 kg geschlachtet werden. Meist sind sie männlichen Geschlechts, da die weiblichen Tiere als Milchkühe aufgezogen werden. Besonders zart und fein im Geschmack ist das Fleisch von *Milchkälbern*, die fast ausschließlich mit Milch gefüttert wurden. Kalbfleisch ist hell rosa, fettarm mit feiner Fleischstruktur. Es ist besonders in der Diätküche sehr beliebt .

**Ochsen** – sind kastrierte männliche Rinder, die nach dem Mastverfahren aufgezogen werden und im Alter zwischen 20 und 30 Monaten geschlachtet werden. Ochsenfleisch zeichnet sich durch feinfaserige, zarte und teils marmorierte Qualität aus.

**Färsen** – junge, weibliche Rinder, die noch nicht gekalbt haben. Das Schlachtalter bewegt sich zwischen 20 und 30 Monaten. Die Fleischqualität ist ähnlich dem Ochsenfleisch.

**Kühe** – das Fleisch von weiblichen Tieren, die bereits mehrmals gekalbt haben, aber nicht älter als 5 Jahre sind. Die Fleischfarbe ist dunkel, das Fleisch ist im Geschmack eher streng und wird vorwiegend zum Kochen verwendet.

## Zum Braten empfohlen:

Roastbeef, Filet, Hohe Rippe, verschiedene Keulenstücke, Schwanzstück, Hüfte (Blume), Schwanzrolle, dicker Bug, Beinscheiben

## Zum Schmoren geeignet:

Schulter, Beinfleisch, Keulenstücke

Informationen zu Qualitätsmerkmalen, Brattemperaturen sowie Würzempfehlungen finden Sie bei den allgemeinen Hinweisen auf Seite 8.

# Kalbsnuss in feiner Kapernsauce

## Italienische Tafelfreuden

**Profitipp:**
*Capparis spinosa, jene Blütenknospen eines in mediterranen Ländern beheimateten Strauches, geben jeder Sauce unverwechselbaren Geschmack. Die Knospen werden getrocknet, in Salz oder in Weinessig eingelegt. Als beste gelten die aus Frankreich stammenden sehr kleinen „nonpareilles". Je größer die Kapern sind, umso mehr verliert sich ihr Geschmack. Kapern sollten immer erst zum Schluss zugegeben und keinesfalls lange mitgekocht werden.*

**Beilagenempfehlung:**
*Geschmortes, gemischtes Gemüse aus dem Ofen, grüner Spargel oder Brokkoli. Gnocchi (Seite 139), gratinierte Kartoffelscheiben (Seite 136) oder gebackene Kartoffeln mit Lorbeer (Seite 136, Variante)*

**Weinempfehlung:**
*Aligote oder Chardonnay aus dem Burgund*

**Wenn ein Rest bleibt:**
*Das kalte Kalbfleisch in hauchdünne Scheiben schneiden, breitflächig auf Tellern verteilen. Aus 2 durchgepressten Knoblauchzehen, 1/2 Bund gehackter Petersilie, etwas Olivenöl und Zitronensaft eine Marinade zubereiten und das Fleisch damit beträufeln. Dazu knackiges Weißbrot und einen gut gekühlten Weißwein genießen.*

**Für 4 bis 5 Portionen**

- 1 kg Kalbsnuss
- 500 g Kalbsknochen
- Salz, schwarzer Pfeffer
- 1 TL getrocknete italienische Kräuter
- 1 EL Mehl
- 2 Stangen Staudensellerie
- 2 Möhren
- 1 Zwiebel
- 3 Knoblauchzehen
- 1 Bund Petersilie
- 4 EL Olivenöl
- Schale und Saft von 1/2 unbehandelten Zitrone
- 1/4 l trockener Weißwein
- 1/4 l Kalbsfond (Glas)
- 50 ml Marsala (italienischer Dessertwein)
- 100 g Kapern

**Für die Garnitur:**

- feinste Zitronenzesten

**1** Den Backofen auf 200 °C (Umluft 180 °C) vorheizen. Das Fleisch und die Knochen unter fließendem kaltem Wasser waschen und mit Küchenpapier trockentupfen. Alles mit Salz, Pfeffer und italienischen Kräutern würzen und mit Mehl bestäuben.

**2** Sellerie und Möhren waschen und in kleine Stücke schneiden. Die Zwiebel sowie die Knoblauchzehen abziehen und grob würfeln. Die Petersilie waschen, die Blättchen von den Stängeln zupfen und beiseite legen. Die Stängel kleiner schneiden.

**3** Das Olivenöl in einem Bräter erhitzen und darin das Kalbfleisch und die Knochen rundherum anbraten. Sellerie, Möhren, Petersilienstängel, Zwiebel, Knoblauch und die Zitronenschale einstreuen und mitbraten. Seitlich am Rand Weißwein und Kalbsfond eingießen.

**4** Den Bräter mit einem Deckel verschließen und in den vorgeheizten Ofen schieben. Das Fleisch in knapp 1 1/2 Stunde fertig schmoren.

**5** Sobald das Fleisch gar ist, den Bräter auf den Herd stellen. Das Fleisch aus dem Bratenfond herausnehmen, in Alufolie wickeln und für 10 Minuten in den ausgeschalteten Backofen geben.

**6** Den Bratenfond mit Marsala und 100 Milliliter heißem Wasser aufgießen, aufkochen und etwa 5 Minuten leise köcheln lassen. Die entstandene Sauce durch ein Sieb passieren und nach Bedarf nachwürzen. Die Kapern und den Zitronensaft in die Sauce rühren. Nach Belieben die Hälfte der beiseite gelegten Petersilienblättchen hacken und unter die Sauce mischen.

**7** Das Kalbfleisch aus der Folie nehmen, den entstandenen Bratensaft zur Sauce gießen und das Fleisch in möglichst dünne Scheiben schneiden. Die Fleischscheiben breitflächig auf Teller verteilen. Löffelweise mit Sauce überziehen und mit den Zitronenzesten bestreuen. Mit den restlichen Petersilienblättchen garnieren.

**Zubereitungszeit: 1 3/4 Stunden**

# Gefüllte Kalbsbrust mit Brezenteig

## Die Füllung nach bayerischer Art

**Profitipp:**

*Die Füllung ist variabel zu gestalten. Statt Rinderhackfleisch können Sie auch 200 Gramm Kalbsbrät oder 200 Gramm Leberkäsbrät unter den Brotteig mischen.*

*Das Gemüse kann auch durch blanchierte Möhren- und Sellerie-Würfel ergänzt werden.*

**Beilagenempfehlung:**

*Rosenkohl oder Brokkoli, Mischgemüse, in Butter geschwenkt, grüne Blattsalate mit Vinaigrette*

**Weinempfehlung:**

*Elsässer Pinot blanc*

**Wenn ein Rest bleibt:**

*Die Kalbsbrustscheiben mit Füllung in der Pfanne beidseitig in Butter braten. Nach Belieben mit gerösteten Zwiebelringen, hausgemachten Spätzle (siehe Seite 141) und Bratensauce servieren.*

*Oder Sie schneiden die Reste in kompakte Würfel, braten sie in der Pfanne und rühren, je nach Menge der Reste, 2 bis 4 Eier darunter. Mit Salz, Pfeffer und Paprikapulver würzen. Mit grünem Salat servieren.*

**Für 6 Portionen**

- 1 entbeinte Kalbsbrust von etwa 1,5 kg, mit eingeschnittener Tasche
- 500 g Kalbsknochen
- Salz, weißer Pfeffer
- 1 TL Mehl
- 3 Brötchen vom Vortag
- 3 ungesalzene Brezen vom Vortag
- 1/8 l heiße Milch
- 1/8 Bund Petersilie
- 2 Zwiebeln
- 1 TL Butter
- 100 g Champignons
- 100 g gekochter Schinken
- 100 g Erbsen (TK), aufgetaut
- 2 Eier (Größe M)
- 200 g Rinderhackfleisch
- 1/2 Bund Suppengrün (Lauch, Möhre, Sellerie)
- 4 EL Pflanzenöl
- 2 Lorbeerblätter
- 2 Gewürznelken
- 3/4 l heiße Fleischbrühe
- 2 EL flüssige Butter

**Außerdem:**

- Metall- oder Holzspießchen

**1** Die Kalbsbrust innen und außen sowie die Knochen unter fließendem kaltem Wasser abspülen und gründlich trockentupfen. Salzen und pfeffern. Die Knochen leicht mit Mehl bestäuben.

**2** Brötchen und Brezen fein würfeln, mit heißer Milch begießen und mit einem Tuch abdecken. Die Petersilie waschen, trockenschwenken, die Blättchen von den Stängeln zupfen und fein hacken.

**3** Die Zwiebeln abziehen, eine fein würfeln, die andere grob stückeln. In einer Pfanne die Butter erhitzen, die Zwiebelwürfel darin andünsten und dann zur Brotmilch geben. Die Champignons häuten und vierteln. Den Schinken fein würfeln.

**4** Den Backofen auf 200 °C (Umluft 180 °C) vorheizen. Das Brot-Gemisch mit Champignons, Schinken, Erbsen, Petersilie, Eiern und Hackfleisch zu einem geschmeidigen Teig kneten. Mit Salz und Pfeffer kräftig würzen.

**5** Den Brotteig in die Kalbsbrusttasche füllen und die Öffnung mit Metall- oder Holzspießchen verschließen. Den Suppenbund waschen und in grobe Stücke schneiden. In einem Bräter das Pflanzenöl erhitzen und die Kalbsknochen darin von allen Seiten bräunen.

**6** Zwiebelstücke, Suppengemüse, Lorbeerblätter sowie Gewürznelken zufügen und einige Minuten mitbraten. Mit 100 Milliliter Fleischbrühe beträufeln und die gefüllte Kalbsbrust darauf legen.

**7** Den Bräter in den vorgeheizten Backofen schieben und das Fleisch unter mehrmaligem Begießen mit etwas Fleischbrühe und häufigem Wenden insgesamt etwa 2 Stunden braten. Nach 1 Stunde die Temperatur auf 180 °C (Umluft 160 °C) reduzieren.

**8** Sobald das Fleisch gar ist, den Bräter auf den Herd stellen. Die Kalbsbrust aus dem Bräter nehmen, rundum mit Butter bepinseln und in Alufolie wickeln. Zum Nachziehen für etwa 20 Minuten in den ausgeschalteten Backofen legen.

**9** Inzwischen den Bratensatz im Bräter mit der restlichen Fleischbrühe und eventuell etwas Wasser loskochen. Durch ein Sieb passieren, erneut erhitzen und abschmecken. Das Fleisch aus der Folie nehmen, den entstandenen Bratensaft in die Sauce rühren und den Braten in Scheiben schneiden. Die Fleischscheiben auf einer Servierplatte anrichten und die Sauce separat dazu reichen.
**Zubereitungszeit: 2 1/2 Stunden**

# Kalbsrücken mit Weißwein-Olivensauce

## Ab in den Süden, Italien hinterher ...

**1** Fleisch und Knochen unter fließendem kaltem Wasser waschen und trockentupfen. Beides kräftig salzen und pfeffern, die Knochen mit Mehl bestäuben. Das Suppengemüse waschen und in kleinere Stücke schneiden.

**Für 4 bis 5 Portionen**

- 1 kg Kalbsrücken
- 500 g Kalbsknochen
- Salz, schwarzer Pfeffer
- 1 TL Mehl
- 1 Bund Suppengrün (Lauch, Möhre, Sellerie)
- 2 Knoblauchzehen
- 1 Zwiebel
- 3 frische Salbeistängel
- 1 Fleischtomate
- 5 EL Olivenöl
- 2 Lorbeerblätter
- 1/4 l trockener Weißwein
- 200 g grüne Oliven
- 1/8 l Fleischbrühe

**2** Knoblauchzehen und Zwiebel ungeschält grob zerschneiden. Salbeistängel waschen, die Hälfte der Blättchen abzupfen und beiseite stellen. Restlichen Salbei mit Stängeln grob zerzupfen. Die Fleischtomate waschen und kreuzweise einritzen.

**3** Den Backofen auf 200 °C (Umluft 180 °C) vorheizen. In einem Bräter das Öl erhitzen und Fleisch sowie Knochen darin von allen Seiten anbraten.

**4** Suppengemüse, Knoblauch, Zwiebel, Tomate und Salbei zufügen. Einige Minuten anbraten lassen und dann mit der Hälfte des Weins ablöschen.

**5** Den Bräter in den Backofen schieben und das Kalbfleisch insgesamt etwa 1 1/2 Stunden braten lassen. Zwischendurch mit etwas Wasser beträufeln. Inzwischen die Oliven entsteinen und in Streifen schneiden. Die beiseite gestellten Salbeiblätter ebenfalls in Streifen schneiden.

**6** Sobald das Fleisch gar ist, den Bräter auf den Herd stellen. Das Fleisch aus dem Bräter nehmen, in Folie wickeln und in den ausgeschalteten Backofen legen.

**7** Den Bratensatz mit dem restlichen Wein und der Fleischbrühe loskochen. Die Sauce durch ein Sieb passieren und erneut aufkochen. Die Hitze reduzieren, Oliven- und Salbeistreifen einrühren und abschmecken. Den Braten aus der Folie nehmen, den entstandenen Bratensaft zur Sauce geben, und das Fleisch in Scheiben schneiden.
**Zubereitungszeit: 2 Stunden**

### Profitipp:
*Salbei ist Würz- und Heilpflanze zugleich. Im Mittelalter hieß es: „Wer Salbey baut, den Tod kaum schaut". In Italien gehört Salbei zu den Standardkräutern.*

### Beilagenempfehlung:
*Dazu passen die Gnocchi von Seite 139, gegrilltes gemischtes Gemüse, frische grüne Blattsalate und ofenfrische Ciabatta.*

### Weinempfehlung:
*Badischer Weißburgunder, bei Konzentration auf Salbei auch ein leichter, gekühlter Chianti ca. 14 °C*

### Wenn ein Rest bleibt:
*Vitello tonnato: Das kalte Kalbfleisch mit einer Aufschnittmaschine ganz hauchdünn aufschneiden (vorher ein wenig anfrieren lassen, dann schneidet es sich leichter) und auf einer Platte breitflächig auslegen. Aus 1 Dose Thunfisch im eigenen Saft, 100 Gramm saurer Sahne, 50 Gramm Mayonnaise, etwas Zitronensaft sowie Weißwein, Salz und Pfeffer eine fein pürierte Sauce zubereiten und das Fleisch damit überziehen. Mit Kapern und reichlich gehackter Petersilie garnieren.*

# Geschmorte Kalbshaxe in Burgunder

## Französisch angehaucht ...

**1** Die Kalbshaxen unter fließendem kaltem Wasser waschen und mit Küchenpapier trockentupfen. Auf jeder Seite mit Salz und Pfeffer würzen und in Mehl wenden. Den Backofen auf 200 °C (Umluft 180 °C) vorheizen.

| Für 4 Portionen |
|---|
| 4 Scheiben Kalbshaxen à 4 bis 5 cm Dicke |
| Salz, schwarzer Pfeffer |
| 3 EL Mehl |
| 2 große Zwiebeln |
| 1 Knoblauchzehe |
| 2 Petersilienwurzeln |
| 2 Möhren |
| 3 Thymianzweige |
| 4 EL Pflanzenöl |
| 1 EL Tomatenmark |
| 1/2 l trockener Rotwein aus dem Burgund |
| 1/2 l Kalbsfond (Glas) |
| 3 Lorbeerblätter |
| 2 Gewürznelken |
| 1 Prise gemahlener Piment |
| 1 Prise Zucker |

**2** Die Zwiebeln und den Knoblauch abziehen, die Petersilienwurzeln und die Möhren schälen und alles in kleine Würfel schneiden. Den Thymian waschen und trockenschwenken. Das Pflanzenöl in einem Bräter erhitzen und darin die Fleischscheiben auf beiden Seiten kräftig anbraten. Das vorbereitete Gemüse einstreuen und kurz mitbraten. Das Tomatenmark zufügen und unter Rühren durchrösten.

**3** Den Bräterinhalt mit Rotwein und Kalbsfond aufgießen. Lorbeerblätter, Gewürznelken und Piment zugeben. Thymian auf die Beinscheiben legen. Nach dem ersten Aufkochen den Bräter mit einem Deckel verschließen und auf die mittlere Schiene in den vorgeheizten Backofen schieben.

**4** Das Fleisch während der gesamten Schmorzeit von etwa 2 Stunden zwei- bis dreimal wenden.

**5** Sobald das Fleisch gar ist, den Bräter auf den Herd stellen. Das Fleisch aus dem Schmorfond nehmen, in Alufolie wickeln und für 10 Minuten in den ausgeschalteten Backofen legen.

**6** Den Schmorfond im Bräter mit etwa 100 Milliliter heißem Wasser aufgießen und aufkochen. Bei mittlerer Hitze 5 Minuten offen kochen lassen. Die Sauce durch ein Sieb passieren und mit Zucker, Salz sowie Pfeffer würzen. Das Fleisch aus der Alufolie nehmen und den entstandenen Bratensaft in die Sauce rühren. Die Fleischscheiben mit der Sauce überziehen.

**Zubereitungszeit: 2 1/2 Stunden**

### Profitipp:

*Einer Sauce kann nichts Besseres passieren, als mit Wein zubereitet zu werden. Der Alkohol verdampft und zurück bleiben aromatisch-würzige Geschmacksstoffe, die für kulinarischen Genuss sorgen ...*

### Beilagenempfehlung:

*Bandnudeln, gratinierte Kartoffelscheiben (Seite 136), in Butter geschwenkte Kartoffelnocken (siehe Seite 139), Kartoffelplätzchen und gemischtes Gemüse*

### Weinempfehlung:

*Der Wein, der zum Kochen verwendet wurde, z.B. ein Pinot Noir*

### Wenn ein Rest bleibt:

*Restliche Fleischstücke in mundgerechte Bissen schneiden und zusammen mit Bandnudeln in Olivenöl braten. Separat eine Tomatensauce oder einen Pfifferlingsrahm zubereiten und alles miteinander vermischen.*

*Sie können aber auch die kleinen Fleischstücke mit Oliven, Streifen von roten Zwiebeln, eingelegten Artischocken und weißen Riesenbohnen in einem Salat verwerten. Dazu eine dickflüssige Vinaigrette aus 1 Eigelb, 1/2 Teelöffel mittelscharfem Senf, 1 abgezogene, durchgepresste Knoblauchzehe, 100 Milliliter Olivenöl und – nach Geschmack – etwas würzigem Aceto balsamico aufschlagen. Die Vinaigrette zum Schluss mit Salz und grob geschrotetem Pfeffer würzen.*

# Traditioneller Kalbsnierenbraten

## (Hochzeits-)Klassiker aus Bayern

### Profitipp:

*Gerollter Kalbsbraten mit Nieren ist nicht jedermanns Sache, aber wer ihn mag, schwört darauf! Leider bekommt man einen küchenfertig vorbereiteten Kalbsnierenbraten heutzutage nicht mehr ohne weiteres … Darum sollten Sie ihn unbedingt beim Metzger vorbestellen!*

*Eine Füllung mit Leberkäsbrät ist ebenfalls sehr beliebt. Damit kann man diesen Braten auch sehr gut selbst vorbereiten.*

### Beilagenempfehlung:

*Gemischtes Buttergemüse und Kartoffel- oder Semmelknödel (Rezept siehe Seite 142). Oder Kartoffelbrei und grüne Bohnen.*

### Weinempfehlung:

*Viognier aus dem Rhonetal*

### Wenn ein Rest bleibt:

*Hier bleibt garantiert kein Rest – und wenn doch, dann frieren Sie das Fleisch scheibenweise ein und genießen dasselbe Menü einige Wochen später noch einmal …*

*In Bayern sehr beliebt: Man paniert die restlichen Bratenscheiben wie Schnitzel und brät sie in heißem Butterschmalz. Dazu passen Bratkartoffeln, Kohlrabi-Rahm-Gemüse (siehe Seite 143) oder gemischtes Gemüse, in Butter geschwenkt.*

**Für 8 bis 10 Portionen**

**2 kg küchenfertig gerollter Kalbsnierenbraten (beim Metzger vorbestellen)**
**500 g Kalbsknochen**
**Salz, schwarzer Pfeffer**
**100 g Räucherspeck**
**1 große Zwiebel**
**1/2 Bund Suppengrün (Lauch, Möhre, Sellerie)**
**Rinde von 2 Scheiben dunklem Bauernbrot oder 1 Saucenlebkuchen**
**5 EL Pflanzenöl**
**1/2 l Kalbsfond (Glas)**
**100 g saure Sahne**

**1** Den Backofen auf 200 °C (Umluft 180 °C) vorheizen. Den Kalbsbraten sowie die Knochen unter fließendem kaltem Wasser waschen und trockentupfen. Alles mit Salz und Pfeffer würzen.

**2** Den Räucherspeck fein würfeln. Die Zwiebel abziehen und in grobe Stücke schneiden. Das Suppengemüse waschen und ebenfalls stückeln. Die Brotrinde oder den Saucenlebkuchen in kleinere Stücke brechen.

**3** In einem Bräter das Pflanzenöl erhitzen und darin das Fleisch sowie die Knochen von allen Seiten anbraten. Speck, Gemüse und Brotstückchen einstreuen und mitbraten. Separat dazu den Kalbsfond in einem Topf erhitzen.

**4** Den Bräter in den vorgeheizten Backofen schieben und das Fleisch in etwa 1 3/4 Stunden braten. Zwischendurch einige Male mit kochend heißem Kalbsfond beträufeln, damit es nicht austrocknet.

**5** Sobald das Fleisch gar ist, den Bräter auf den Herd stellen. Den Braten aus dem Bräter nehmen, in Alufolie wickeln und etwa 10 Minuten im ausgeschalteten Backofen ruhen lassen.

**6** Den Bratensatz im Bräter mit 100 Milliliter heißem Wasser loskochen und durch ein Sieb passieren. Nochmals erhitzen, eventuell etwas nachwürzen und mit saurer Sahne verfeinern. Die Sauce darf nicht mehr kochen.

**7** Das Fleisch aus der Alufolie nehmen, den entstandenen Bratensaft in die Sauce rühren und den Braten in Scheiben schneiden. Die Sauce separat zum Fleisch reichen.

**Zubereitungszeit: 2 Stunden**

# Ossobuco
# aus Mailand

## Mit besten Grüßen aus der Lombardei

**1** Die Kalbshaxenscheiben unter fließendem kaltem Wasser waschen und mit Küchenpapier trockentupfen. Mit Salz und Pfeffer würzen und in Mehl wenden; überschüssiges Mehl abklopfen.

**2** Den Fenchel waschen, in Streifen schneiden und das Grün fein hacken. Die Möhren schälen und in kleine Würfel schneiden. Die Zwiebeln sowie die Knoblauchzehen abziehen und fein würfeln. Die Petersilie waschen, trockenschwenken, die Blättchen von den Stängeln zupfen und fein hacken.

**3** Den Staudensellerie waschen, entfädeln und klein würfeln. Die Tomaten mit heißem Wasser überbrühen und häuten. Die Kerne entfernen und das Fruchtfleisch in halbe Viertel schneiden.

**4** Den Backofen auf 160 °C (Umluft 140 °C) vorheizen. Die Hälfte des Olivenöls in einem Bräter erhitzen und darin den Zucker unter Rühren auflösen. Die Kalbshaxenscheiben einlegen und auf beiden Seiten anbraten. Herausnehmen und auf einen Teller legen.

**5** Das restliche Olivenöl in den Bratensatz gießen und das vorbereitete Gemüse (ohne die Tomaten) darin andünsten. Das Tomatenmark zugeben und hell rösten. Kräuter und Lorbeerblätter einrühren.

**6** Den Bräterinhalt mit Weißwein sowie mit der Fleischbrühe aufgießen und kurz aufkochen lassen. Alles mit Salz und Pfeffer würzen und zuletzt die Tomaten sowie die Petersilie einrühren.

**7** Die Kalbshaxenscheiben in die Sauce legen, sie sollen gut bedeckt sein. Den Bräter mit einem Deckel verschließen und für 3 Stunden in den vorgeheizten Backofen schieben. Während der Schmorzeit die Kalbshaxenscheiben einige Male wenden und mit der eigenen Schmorflüssigkeit übergießen. Das Gericht im Bräter servieren.

**Zubereitungszeit: 3 ½ Stunden**

**Für 4 Portionen**

- 4 Kalbshaxenscheiben (insgesamt etwa 2 kg)
- Salz, schwarzer Pfeffer
- etwa 2 EL Mehl
- ½ Fenchel
- 2 Möhren
- 2 Zwiebeln
- 4 Knoblauchzehen
- ½ Bund glatte Petersilie
- 1 Stange Staudensellerie
- 1 kg Tomaten
- 50 ml Olivenöl
- 1 EL Zucker
- 1 TL Tomatenmark
- 1 TL getrocknete italienische Kräuter
- 3 Lorbeerblätter
- ½ l trockener Weißwein
- ½ l Fleischbrühe

### Profitipp:

*Wundern Sie sich nicht über das angegebene Kalbshaxen-Gewicht – allein die darin enthaltenen Knochen bringen schon beinahe die Hälfte des Gewichts auf die Waage. Das italienische Original, „Ossobuco alla milanese“, wird noch zusätzlich mit „Gremolata“ gekrönt. Dazu vermischt man 4 abgezogene, fein gewürfelte Knoblauchzehen mit der abgeriebenem Schale von 1 unbehandelten Zitrone sowie 1 Bund fein gehackter Petersilie.*
*Mein persönlicher Tipp: Dies alles mit 2 Esslöffeln Olivenöl und etwas geriebenem Parmesan vermischen!*

### Beilagenempfehlung:

*Klassisch: Polenta! (Rezept auf Seite 140.) Aber auch Bandnudeln, Lorbeerkartoffeln (Seite 136, Variante), Gnocchi (Rezept auf Seite 139), Reis oder Kartoffelplätzchen*

### Weinempfehlung:

*Gavi aus dem Piemont*

### Wenn ein Rest bleibt:

*Das Fleisch von den Knochen lösen und klein würfeln. Die Sauce durch ein Sieb streichen und mit Sahne verfeinern. Kartoffelpüree mit Erbsen oder „Risi e bisi“ zubereiten. Zusammen mit den Fleischwürfeln, der Sahnesauce und gemischtem grünen Salat servieren.*
*Sollte nur Fleisch übrig bleiben: Die Reste hauchdünn aufschneiden, auf einem Teller anrichten und mit Pesto und viel Olivenbrot genießen.*

# Kalbsfrikandeau in Gemüsemilch

## Kräuterig und sahne-mild

| Für 4 Portionen |
|---|
| 1 kg Kalbsoberschale (Frikandeau) oder Kalbsnuss |
| 1 Knoblauchzehe |
| Salz, weißer Pfeffer |
| 1 Bund Frühlingsmöhrchen |
| 2 Schalotten |
| 2 EL Olivenöl |
| 50 g Butter |
| 1 Prise Zucker |
| 1/2 l Fleischbrühe |
| 3/4 l Milch |
| 2 Lorbeerblätter |
| 500 g Sahne |
| 1 Kohlrabi |
| |
| Außerdem: |
| Küchengarn |

**1** Das Fleisch unter fließendem kaltem Wasser waschen und mit Küchenpapier trockentupfen. Mit Küchengarn so umwickeln, dass das Fleisch beim Braten seine Form behält. Den Knoblauch abziehen, durch eine Knoblauchpresse drücken und das Fleisch damit einreiben. Salzen und pfeffern.

**2** Die Frühlingsmöhrchen waschen, leicht schaben und etwas Grün am Ansatz stehen lassen. Die Schalotten abziehen und fein würfeln. Den Backofen auf 200 °C (Umluft 180 °C) vorheizen.

**3** Olivenöl und Butter in einem Bräter erhitzen. Den Zucker einrieseln lassen und darin auflösen. Das Fleisch einlegen und bei mittlerer Hitze rundherum anbraten. Schalottenwürfel und Möhrchen an die Seiten einlegen und nur kurz mitbraten.

**4** Den Bräterinhalt mit Fleischbrühe und Milch aufgießen. Die Lorbeerblätter einlegen, nach dem ersten Aufkochen den Bräter mit einem Deckel verschließen und in den Backofen stellen.

**5** Das Kalbfleisch während der 1 1/2-stündigen Garzeit drei- bis viermal wenden und dabei etwa die Hälfte der Sahne zugießen.

**6** Inzwischen den Kohlrabi schälen und in etwa 1 Zentimeter große Würfel schneiden.

**7** Das fertig gegarte Fleisch aus dem Bräter nehmen, in Alufolie wickeln und in den ausgeschalteten Backofen legen. Die Möhrchen aus dem Sahnesud nehmen und beiseite legen. Den Sud aufkochen, durch ein Sieb streichen und mit der restlichen Sahne einige Minuten offen kochen lassen. Salzen und pfeffern. Die Kohlrabistücke einlegen.

**8** Das Fleisch aus der Folie nehmen, den entstandenen Bratensaft in die Sauce rühren und das Fleisch in Scheiben schneiden. Die Scheiben auf Teller verteilen, mit Kohlrabi-Sahne-Sauce überziehen und die Möhrchen darauf hübsch anrichten.

**Zubereitungszeit: 2 Stunden**

### Profitipp:

*Sie können die Sauce beliebig variieren, ob mit mehr gemischten Gemüsewürfeln, verschiedenen Kräutern oder mehr Würze durch Pfeffer, Chili oder auch Safran. Das butterweiche Kalbfleisch ist ideal in dieser Sauce aufgehoben.*

### Beilagenempfehlung:

*Reis, Kartoffelpüree, in Butter geschwenkte Kartoffeln, Gnocchi (Seite 139) und gemischte Salate*

### Weinempfehlung:

*Halbtrockener Riesling aus dem Rheingau*

### Wenn ein Rest bleibt:

*Das erkaltete Fleisch sehr dünn aufschneiden und mit einer pikanten Vinaigrette marinieren.*
*Oder das Fleisch in schmale Streifen schneiden und unter einen bunt gemischten Gemüsewok ziehen.*
*Es würde auch passen, die Fleischstreifen unter ein Kokosnusscurry zu mischen – aber mit viel Gemüse!*

# Schlegelbraten vom Ochsen

## Das Oktoberfest, „die Wies'n“, lässt grüßen!

**Profitipp:**

*Der obligatorische „Ochse auf der Wies'n“ wird an einem Riesen-Grillspieß zubereitet – nicht geschmort! Die Ochsenbraterei verbraucht während des Oktoberfestes 1 bis 2 Ochsen pro Tag, deren Gewicht jeweils auf einer Tafel vor dem Drehspieß steht. In der heimischen Küche lässt sich das schwerlich umsetzen, also kommt der Ochse zu Hause besser in den Schmortopf …*

*Statt des Schlegels können Sie für dieses Rezept auch Rindernuss verwenden.*

**Beilagenempfehlung:**

*Klassisch, ja eigentlich obligatorisch: Mit viel „nassem“ und lauwarmem Kartoffelsalat genießen. Krautsalat und Bauernbrot kann, muss aber nicht sein.*

**Weinempfehlung:**

*Vielleicht lieber eine Maß Bier?*

**Wenn ein Rest bleibt:**

*Es gibt auf dem Oktoberfest oder auch in Metzgereien sogenannte „Ochsensemmeln“. Praktisch ein „Fastfood“ für Bayern, die es eilig haben. Mein Tipp: Einfach ein Brötchen (eine Semmel) durchschneiden, die untere Brötchenhälfte mit Remoulade bestreichen, mit Rote-Bete-Scheiben, dünn aufgeschnittenem Ochsenfleisch, Gewürzgurken, Salatblatt und Zwiebelringen belegen. Die obere Semmelhälfte mit Meerrettich (Kren) bestreichen und darauf setzen.*

**Für 6 Portionen**

- 1,5 kg Rinderschlegel (Keule)
- 1 EL scharfer Senf oder Dijon-Senf
- 500 g Rinderknochen
- 2 Zwiebeln
- ½ Bund Suppengrün (Lauch, Möhre, Sellerie)
- 250 g Meerrettichwurzel
- 100 g Räucherspeck
- Salz, schwarzer Pfeffer
- 1 Prise Mehl
- 4 EL Pflanzenöl
- 1 TL Tomatenmark
- 3/8 l Fleischbrühe
- Saft von ½ Zitrone
- 1 EL Speisestärke

**1** Das Fleisch unter fließendem kaltem Wasser abspülen, mit Küchenpapier trockentupfen. Rundherum mit Senf bestreichen und für 1 Stunde in den Kühlschrank stellen.

**2** Inzwischen die Knochen unter fließendem kaltem Wasser waschen und trockentupfen. Die Zwiebeln abziehen und in kleine Würfel schneiden. Das Suppengemüse waschen und in grobe Stücke schneiden. Die Meerrettichwurzel waschen, leicht schaben und kleiner schneiden. Den Räucherspeck in kleine Stücke schneiden.

**3** Den Backofen auf 200 °C (Umluft 180 °C) vorheizen. Das Fleisch und die Knochen von allen Seiten mit Salz und Pfeffer würzen. Die Knochen leicht mit Mehl bestäuben und überschüssiges Mehl wieder abklopfen.

**4** Das Pflanzenöl in einem Bräter erhitzen und darin das Fleisch und die Knochen rundherum anbraten. Zwiebeln, Gemüse und Speck zufügen und einige Minuten mitbraten. Das Tomatenmark zugeben und alles leicht rösten. Mit Fleischbrühe und Zitronensaft begießen.

**5** Den Bräter mit einem Deckel verschließen und in den vorgeheizten Backofen schieben. Während der Schmorzeit von etwa 2 ½ Stunden das Fleisch einige Male wenden und mit dem eigenen Bratensaft begießen.

**6** Sobald das Fleisch gar ist, den Bräter auf den Herd stellen. Das Fleisch aus dem Bräter nehmen, in Alufolie wickeln und in den ausgeschalteten Ofen legen.

**7** Den Bratensatz im Bräter mit etwas Wasser loskochen und 5 Minuten offen kochen lassen. Die Sauce durch ein Sieb streichen und erneut erhitzen. Die Speisestärke mit 3 Esslöffeln Wasser glatt rühren und die Sauce damit binden.

**8** Das Fleisch aus der Folie nehmen, in Scheiben schneiden und den entstandenen Bratensaft in die Sauce rühren. Die Bratenscheiben auf Teller verteilen und mit Sauce überziehen.

**Zubereitungszeit: 3 Stunden + Kühlzeit: 1 Stunde**

# Rinderwade in Rioja-Wein

## Kommt mir spanisch vor …

**Für 4 bis 6 Portionen**

- 1 Rinderwade mit Knochen von etwa 2 kg (Beinfleisch, Hesse)
- Salz, schwarzer Pfeffer
- 1 EL mittelscharfer Senf
- 50 g Mehl
- 3 frische Thymianzweige
- 2 Zwiebeln
- 5 Knoblauchzehen
- 2 Chorizowürste, etwa 150 g (scharfe, spanische Dauerwurst)
- 1 frische Chilischote
- 1 Bund Suppengrün (Lauch, Möhre, Sellerie)
- 50 ml Olivenöl
- 50 g dünn geschnittener Räucherspeck
- 50 g Tomatenmark
- 3 Lorbeerblätter
- 2 Gewürznelken
- 100 ml süßer Sherry (Oloroso bzw. Cream Sherry)
- 1 Flasche Rioja-Wein (spanischer, trockener Rotwein)
- 3 l Fleischbrühe
- 1 mittelgroße, mehlig kochende Kartoffeln

**1** Die Rinderwade unter fließendem kaltem Wasser waschen und mit Küchenpapier trockentupfen. Rundherum mit Salz und Pfeffer würzen, mit Senf bestreichen und mit Mehl bestäuben. Den Backofen auf 160 °C (Umluft 140 °C) vorheizen.

**2** Die Thymianzweige waschen und etwas kleiner zupfen. Zwiebeln und Knoblauchzehen abziehen und in Streifen schneiden. Chorizowürste schälen und klein schneiden, Chilischote abspülen. Das Suppengemüse waschen und grob zerschneiden.

**3** Die Hälfte des Öls in einem Bräter erhitzen und darin das Fleisch von allen Seiten anbraten; herausnehmen und mit Speckscheiben belegen. Das restliche Öl im Bräter erhitzen und darin Gemüse, Chorizo und Tomatenmark anbraten. Chilischote, Lorbeerblätter und Gewürznelken einlegen.

**4** Mit Sherry ablöschen, mit Rotwein aufgießen und aufkochen lassen. Das Fleisch mit der Speckseite nach oben einlegen und mit soviel Fleischbrühe aufgießen, bis alles bedeckt ist. Die Kartoffel schälen, vierteln und seitlich einlegen.

**5** Die Rinderwade etwa 4 ½ Stunden im Backofen langsam schmoren lassen. Zwischendurch immer wieder etwas Brühe angießen und das Fleisch mehrmals wenden.

**6** Sobald das Fleisch gar ist, den Bräter auf den Herd stellen. Das Fleisch aus dem Bräter nehmen, Speckscheiben entfernen, das Fleisch in Alufolie wickeln und in den ausgeschalteten Ofen legen.

**7** Den Bratensatz im Bräter mit etwa ¼ Liter Wasser loskochen und die Sauce 20 Minuten offen kochen lassen. Durch ein Sieb passieren und abschmecken. Das Fleisch aus der Alufolie nehmen, den entstandenen Bratensaft in die Sauce gießen, Knochen und dicke Sehnen vom Fleisch entfernen. Das Fleisch in Portionsstücke schneiden, auf Tellern anrichten und mit Sauce überziehen.

**Zubereitungszeit: 5 Stunden**

### Profitipp:

*Das langsame Schmoren der Rinderwade braucht seine Zeit … Sie haben auch die Möglichkeit, die Schmorzeit um die Hälfte zu verkürzen, indem Sie die Temperatur auf 220 °C (Umluft 200 °C) erhöhen und den Bräter mit einem Deckel verschließen. Bei diesem Rezept rate ich jedoch zu schonendem, langsamen Schmoren – das Fleisch wird es Ihnen mit aromatischer Zartheit und saftiger Beschaffenheit auf alle Fälle danken! Und während der Braten im Ofen ist, müssen Sie ja nicht die ganze Zeit in der Küche stehen!*

### Beilagenempfehlung:

*Kartoffelnudeln, Bandnudeln oder Nudeln Ihrer Wahl, Gemüsereis, Kartoffelklöße oder Semmelknödel (Rezept Seite 142), Buttergemüse, Weißbrot*

### Weinempfehlung:

*Rioja Crianza rot, 18 °C*

### Wenn ein Rest bleibt:

*Dieses Gericht schmeckt wieder aufgewärmt fast noch besser. Also ein ideales Gericht für Gäste, das Sie am Vortag zubereiten können. Restliches Fleisch einfach kalt zur Zwischenmahlzeit reichen und dazu eingelegte Knoblauchzehen, grüne und schwarze Oliven, viel Weißbrot und, natürlich, Rioja servieren.*

# Sauerbraten nach rheinischer Art

## Rosinchen, Mandeln und ... Schunkeln

**Profitipp:**
*Rheinischer Sauerbraten schmeckt ein wenig süßlicher als die Zubereitungsarten in anderen Bundesländern. Sollten Sie also keine Rosinen mögen, dann schmeckt die Sauce „ohne" genauso gut. Anstatt des Saucenlebkuchens können Sie auch Pumpernickel verwenden.*

**Beilagenempfehlung:**
*Im Rheinischen gibt es „Püfferken", Kartoffelpuffer (Rezept Seite 137), dazu. Generell können Sie alles, was mit Kartoffeln zu tun hat, als Beilage servieren: Kartoffelklöße oder Kartoffelplätzchen, Kartoffelpüree oder -kroketten. Außerdem reichlich gemischtes Buttergemüse oder Rotkohl (siehe Seite 144).*

**Weinempfehlung:**
*Deutscher Rotwein, wie im Rezept, vielleicht ein Trollinger oder Lemberger aus Württemberg?*

**Wenn ein Rest bleibt:**
*Sauerbraten schmeckt mit jedem erneuten Aufwärmen noch besser als zuvor. Sollte trotzdem Fleisch übrig bleiben, dieses einfach in feine Streifen schneiden und unter einen Salat aus Orangenfilets, blauen Weintrauben, Cocktailtomaten, Salatherzen und grünen Bohnen mischen. Mit einer Marinade aus Dijon-Senf, Knoblauch, Olivenöl und Sherryessig anmachen.*

**1** Rotwein mit Rotweinessig, Gewürznelken, Lorbeerblättern, Pfefferkörnern, Wacholderbeeren und Zitronenschale in einem Topf aufkochen. Den Topf beiseite ziehen und die Flüssigkeit vollständig erkalten lassen.

**Für 4 Portionen**

- 1/2 l trockener Rotwein
- 1/4 l Rotweinessig
- 2 Gewürznelken
- 2 Lorbeerblätter
- 8 weiße Pfefferkörner
- 5 Wacholderbeeren
- unbehandelte Schale von 1/2 Zitrone
- 1,25 kg Rinderbug
- 1 Bund Suppengrün (Lauch, Möhre, Sellerie)
- 1 Petersilienwurzel
- 1 Zwiebel
- 100 g Räucherspeck
- 2 Saucenlebkuchen
- Salz, schwarzer Pfeffer
- 4 EL Pflanzenöl
- 2 EL Johannisbeergelee
- 100 g Rosinen
- 50 g Mandelstifte

**2** Das Rindfleisch unter fließendem kaltem Wasser waschen, mit Küchenpapier trockentupfen und in einen Behälter legen. Mit der kalten Rotweinmarinade bedecken und eventuell etwas kaltes Wasser nachgießen. Das Fleisch abdecken und für 2 bis 3 Tage zum Marinieren in den Kühlschrank stellen.

**3** Den Backofen auf 200 °C (Umluft 180 °C) vorheizen. Das Suppengemüse waschen und in grobe Stücke schneiden. Die Petersilienwurzel schälen, die Zwiebel abziehen und beides klein schneiden. Den Räucherspeck klein würfeln. Die Saucenlebkuchen in Stückchen schneiden oder brechen.

**4** Das Fleisch aus der Marinade nehmen, mit Küchenpapier trockentupfen, salzen und pfeffern. Die Marinade durch ein Sieb passieren.

**5** Das Öl in einem Bräter erhitzen und das Fleisch darin von allen Seiten anbraten. Speck und Gemüse einstreuen und kurz mitbraten. Alles mit der Marinade begießen. Lebkuchen einstreuen. Bräter mit einem Deckel oder Alufolie verschließen.

**6** Den Bräter in den Backofen schieben und das Fleisch 2 1/2 Stunden schmoren. Währenddessen den Braten ein- bis zweimal wenden.

**7** Sobald das Fleisch gar ist, den Bräter auf den Herd stellen. Das Fleisch herausnehmen, in Alufolie wickeln und 10 Minuten im ausgeschalteten Ofen ruhen lassen.

**8** Die Schmorflüssigkeit im Bräter kurz einkochen lassen und dabei mit etwas Wasser aufgießen. Die Sauce durch ein Sieb passieren und mit Johannisbeergelee, Rosinen sowie mit Mandelstiften verfeinern. Das Fleisch in Scheiben aufschneiden, auf Teller verteilen und mit Sauce überziehen.

**Zubereitungszeit: 3 Stunden + Marinierzeit: 2 bis 3 Tage**

# Kalbsfilet mit Safran-Orangen-Sauce

## Sevilla lässt grüßen

### Profitipp:
*Sollten Sie kein Kalbsjus vorrätig haben: Den Bratensatz mit Butter, 1 Prise gemahlenem Safran und ein wenig Zucker karamellisieren, mit Brandy ablöschen, mit 100 Milliliter Rotwein und Orangensaft aufgießen. Kurz einkochen lassen und mit 200 Gramm Sahne verfeinern.*
*Falls die Sardellen zu salzig sind, diese in kaltem Wasser kurz wässern, gründlich abspülen und mit Küchenpapier trockentupfen.*

### Beilagenempfehlung:
*Bratkartoffeln, gemischte gegrillte Gemüse, in Olivenöl geschwenkte Okraschoten, Weißbrot zum Tunken*

### Weinempfehlung:
*Gut gekühlter trockener Sherry Fino*

### Wenn ein Rest bleibt:
*Kaltes Kalbsfilet in dünne Scheibchen schneiden. Getoastetes Weißbrot mit Orangenmarmelade bestreichen, Filetscheiben auflegen und mit frisch geriebenem Ingwer, fein gehacktem Rucola-Salat und Orangenfilets belegen.*
*Oder: Die Fleischscheiben unter dem Backofengrill erwärmen und mit Sauce hollandaise und spanischen „Knitterkartoffeln“ servieren. Das sind neue kleine Kartoffeln, die mit Schale, gut gewürzt mit Salz und Pfeffer und mit viel Olivenöl, im Backofen gegart werden (wenn sie fertig sind, wirken sie zerknittert).*

**Für 4 Portionen**

**1 Kalbsfilet von etwa 750 g**
**Salz, schwarzer Pfeffer**
**1 TL Sherryessig**
**4 EL Olivenöl**
**2 unbehandelte Orangen**
**1 TL Butter**
**1 TL Zucker**
**2 EL milder Brandy**
**1/4 l Kalbssauce (Grundrezept Seite 148)**
**einige Safranfäden**

**Außerdem:**
**8 Sardellen**
**1 EL gehackte Petersilie**

**1** Das Kalbsfilet von eventuell vorhandenen Häuten befreien, unter fließendem kaltem Wasser waschen und mit Küchenpapier trockentupfen. Salz, Pfeffer und Sherryessig in das Fleisch massieren. Das gewürzte Fleisch für 30 Minuten in den Kühlschrank stellen.

**2** Den Backofen auf 180 °C (Umluft 160 °C) vorheizen. Das Olivenöl in einem Bräter erhitzen und das Kalbsfilet darin rundherum anbraten. Den Bräter in den Ofen stellen und das Kalbsfilet unter ein- bis zweimaligem Wenden 20 Minuten braten lassen.

**3** Inzwischen die Orangen heiß waschen und fest abreiben. Von einer Orange dünnste Schalen mit einem Zestenreißer abziehen. Aus beiden Orangen den Saft auspressen und durch ein Sieb passieren.

**4** Das Kalbsfilet aus dem Bräter nehmen, in Alufolie wickeln und in den ausgeschalteten Ofen legen.

**5** Den Bräter auf den Herd stellen und den Bratensatz mit der Butter und dem Zucker verrühren. Mit Brandy ablöschen, mit Orangensaft sowie mit Kalbssauce aufgießen und kurz aufkochen lassen. Die Sauce abschmecken und die Orangenzesten sowie die Safranfäden einrühren.

**6** Das Kalbsfilet aus der Alufolie wickeln, den entstandenen Bratensaft in die Sauce rühren und das Fleisch in Scheiben schneiden. Auf Teller verteilen, kreuzweise mit je 2 Sardellen belegen, mit Petersilie bestreuen und mit Sauce umgießen.

**Zubereitungszeit: 1 Stunde**

# Mariniertes Kalbfleisch in Sahnesauce

## Gern gesehen in deutschen Töpfen

**1** Das Suppengemüse waschen, trockenschwenken und alles in kleine Stücke schneiden. Die Zwiebel abziehen, halbieren und mit den Lorbeerblättern sowie den Gewürznelken spicken. Das Basilikum waschen und mit den Stängeln etwas kleiner schneiden oder zupfen. Die Zitrone heiß abwaschen, mit Küchenpapier fest abreiben und schälen; die geschälte Zitrone bis zum nächsten Tag in den Kühlschrank stellen.

**2** In einem Topf die vorbereiteten Zutaten mit dem Weißwein, den Wacholderbeeren, den Pfefferkörnern und 1 Liter kaltem Wasser zu einer Beizflüssigkeit verrühren.

**3** Das Kalbfleisch unter fließendem kaltem Wasser waschen und in die Beizflüssigkeit einlegen. Das Fleisch mit Alufolie abdecken und im Kühlschrank 1 Tag marinieren lassen.

**4** Das Kalbfleisch in der Beize mit einer Prise Salz aufkochen. Die Temperatur reduzieren und das Fleisch in etwa 1 Stunde gar ziehen lassen. In der Zwischenzeit die geschälte Zitrone auspressen. Das gegarte Fleisch aus dem Topf nehmen, in Alufolie wickeln und etwa 20 Minuten ruhen lassen.

**5** Den Fleischsud durch ein Sieb passieren und etwa 1/2 Liter davon für die Sauce verwenden. Butter und Zucker in einem Topf schmelzen lassen, mit Mehl unter ständigem Rühren hell anschwitzen und mit dem Fleischsud begießen. Unter Rühren einige Minuten aufkochen lassen und erst dann die Sahne zugießen.

**6** Die Sauce mit Kapern, Petersilie, etwas Zitronensaft, Salz und Pfeffer verfeinern und abschmecken. Das Fleisch aus der Folie nehmen, in Scheiben schneiden und in der Sauce servieren.

**Zubereitungszeit: 1 1/2 Stunden + Marinierzeit: 1 Tag**

**Für 4 Portionen**

- 1 Bund Suppengrün (Lauch, Möhre, Sellerie)
- 1 Zwiebel
- 2 Lorbeerblätter
- 2 Gewürznelken
- 3 Basilikumstängel
- 1 unbehandelte Zitrone
- 1/2 l trockener Weißwein
- 5 Wacholderbeeren
- 5 weiße Pfefferkörner
- 1 kg Kalbfleisch vom Bug (oder Schulter)
- Salz
- 2 EL Butter
- 1 TL Zucker
- 1 TL Mehl
- 200 g Sahne
- 50 g eingelegte Kapern
- 1 EL frisch gehackte Petersilie

### Profitipp:

*Man kann natürlich alles beschleunigen, indem man auf die Marinierzeit verzichtet – aber nur wenn es absolut schnell gehen muss. Das Marinieren ist grundsätzlich vorzuziehen, damit die Aromen langsam in das Fleisch einziehen können.*
*Das gekochte Kalbfleisch kann auch ganz anders serviert werden: Zum Beispiel warm, in wenig passiertem Sud, begleitet durch eine feine kalte Kräutersauce: Frankfurter Sauce, Remouladensauce, Pesto, eine Hollandaise oder Sauce bernaise – oder einer ganz einfachen Olivenöl-Zitronen-Petersilienmischung.*

### Beilagenempfehlung:

*Bandnudeln oder andere Nudeln Ihrer Wahl, Kartoffeln in verschiedenen Zubereitungsformen wie zum Beispiel Kroketten, Kartoffelpüree oder in Butter geschwenkte Rosmarinkartoffeln. Gemüse wie Grilltomaten, grüne Bohnen, Mischgemüse, geschmorter Radicchio oder eingelegte Pilze passen hervorragend dazu.*

### Weinempfehlung:

*Weinsorte wie im Rezept, z.B. ein Grauburgunder von der Nahe*

### Wenn ein Rest bleibt:

*Am besten das kalte Kalbfleisch als „Vitello tonnato“ servieren – siehe Seite 19 unter dem Stichwort Rest.*

# Tafelspitz mit Semmelkren

## „Topf secret“ auf österreichisch

**Profitipp:**
*Kleinste lockere Fleischpartikelchen und -häute sowie Eiweiß- oder Trübstoffe können sich beim Kochen auf der Oberfläche der Kochflüssigkeit als grauer Schaum sammeln. Meist entfernt man ihn mit einem Schöpfer oder einem Schaumlöffel. Alternativ können Sie das Fleisch ein paar Minuten kochen und dann mit frischem Wasser erneut aufsetzen. Für die Garzeit spielt die Fleischqualität eine entscheidende Rolle. Uns ist es schon passiert, dass ein Tafelspitz 6 Stunden (!) ziehen musste. Um den Zustand des Fleisches zu prüfen, nach etwa 2 ½ Stunden mit einer Fleischgabel tief einstechen. Man merkt sofort, ob das Fleisch noch hart ist oder ob es sich locker von der Gabel ablösen lässt.*

**Beilagenempfehlung:**
*Wirsinggemüse, Bouillonkartoffeln (dazu einfach kleine geschälte Kartoffeln in der Fleischbrühe mitkochen), Schwarzwurzeln in Rahm, Kohlrabigemüse mit vielen Kräutern, Bratkartoffeln*

**Weinempfehlung:**
*Dazu schmeckt ein kräftiger Blaufränkisch aus dem Burgenland*

**Wenn ein Rest bleibt:**
*Die Fleischscheiben einfach kalt mit Sahnemeerrettich, Essiggurken und Bauernbrot mit Schnittlauchbutter genießen.*

**Für 4 Portionen**

- 1,2 kg Tafelspitz (oberer Teil der Rinderkeule oder auch Rinderbrust)
- 250 g Rinderknochen
- Salz
- 1 Zwiebel
- 6 weiße Pfefferkörner
- 1 Petersilienwurzel
- 2 Möhren
- ½ Stange Lauch
- 100 g Knollensellerie

**Für den Semmelkren:**

- ½ Bund Petersilie
- 2 Semmeln (Brötchen) vom Vortag
- 100 g frische Meerrettichwurzel
- Salz
- weißer Pfeffer
- 1 Schöpfer Fleischbrühe (ergibt sich beim Garen des Fleisches)

**1** Das Fleisch und die Rinderknochen unter fließendem kaltem Wasser waschen. In einem Topf Salzwasser zum Kochen bringen und sobald es kocht, Fleisch und Knochen einlegen. Einige Minuten kochen lassen, alles abgießen und abspülen.

**2** Den Topf mit frischem Salzwasser zum Kochen aufstellen. Die Zwiebel halbieren und mit den Schnittflächen in eine ungefettete heiße Pfanne zum Bräunen legen. Anschließend aus der Pfanne nehmen und zusammen mit den Pfefferkörnern, dem Fleisch sowie den Knochen in das kochende Wasser geben. Petersilienwurzel und eine Möhre waschen, klein schneiden und zum Fleisch geben.

**3** Das Fleisch bei milder Hitze, je nach Fleischqualität, in 2 ½ bis 3 Stunden gar ziehen lassen.

**4** Inzwischen für den Semmelkren die Petersilie waschen, trockenschwenken, die Blättchen abzupfen und fein hacken. Die Brötchen halbieren, in feine Scheiben schneiden und in ein Schüsselchen legen. Meerrettich schälen und reiben. Zusammen mit der Petersilie auf die Brötchen streuen, sparsam salzen und pfeffern. Mit etwas Fleischbrühe begießen, abdecken und ruhen lassen.

**5** Kurz vor Ende der Garzeit des Fleisches die zweite Möhre schälen, erst in dünne längliche Scheiben und dann quer in schmale Streifen schneiden. Den Lauch längs halbieren, zwischen den Blattschichten waschen und quer in dünne Streifen schneiden. Sellerie waschen, schälen und ebenso fein schneiden.

**6** Das Fleisch aus der Brühe nehmen, mit Folie abdecken und mindestens 15 Minuten ruhen lassen. Die Fleischbrühe durch ein Haarsieb passieren und erneut zum Erhitzen aufstellen. Die Gemüsestreifen einstreuen und kurz ziehen lassen. Den Semmelkren mit einer Gabel oder im Mixer zu einer homogenen Masse vermischen.

**7** Das Fleisch in Scheiben schneiden und auf einer vorgewärmten, tiefen Servierplatte anrichten. Mit Fleischbrühe begießen und mit den Gemüsestreifen überziehen. Den Semmelkren separat dazu servieren.

**Zubereitungszeit: 3 Stunden**

# Echt bayerisches Böfflamot

## Süß-säuerliches Vergnügen aus dem Kochtopf

**Profitipp:**

*Böfflamot hört sich in der Zubereitung fast wie ein Sauerbraten an, aber lassen Sie das bitte keinen Bayern mit einem Rheinländer ausdiskutieren ... Das wäre fast so, als wenn ein Italiener, ein Türke und ein Schwabe über Ravioli, Manti und Maultaschen streiten würden! Aber probieren Sie selbst – und Sie werden die feinen Unterschiede auf alle Fälle schmecken.*
*Noch ein spezieller Tipp: Probieren Sie unbedingt als Beilage Marillenknödel (Rezept Seite 145) in Semmelbutter dazu – nur Mut, Sie werden begeistert sein!*

**Beilagenempfehlung:**

*Kartoffelknödel (Seite 142), Pilzragout, Wirsing- oder Rosenkohlgemüse, geschmortes Gemüse vom Backblech oder Gemüsestrudel*

**Weinempfehlung:**

*Wie wäre es mit einem Spätburgunder aus dem Rheingau?*

**Wenn ein Rest bleibt:**

*Das Fleisch fein würfeln und mit Zwiebelwürfeln in Butter anschwitzen. Salzen, pfeffern und abkühlen lassen. Nun fertig gekauften Kartoffelknödelteig (aus der Kühltheke) zu Knödeln formen und die Fleischmischung als Füllung verwenden. Die Knödel wie gewohnt in Salzwasser gar ziehen lassen. Eine Tomatensauce nach Belieben herstellen, in tiefe Teller füllen und die Knödel daraufsetzen. Mit vielen frischen Kräutern bestreut servieren.*

**Für 4 Portionen**

- 1,5 kg mageres Rindfleisch
- Salz
- 1 Saucenlebkuchen
- 2 EL Butter
- 1 TL Zucker
- 1 EL Mehl
- 150 g Crème légère

**Für die Beize:**

- 1 Bund Suppengrün (Lauch, Möhre, Sellerie)
- einige Petersilienstängel
- 1 Zwiebel
- 2 Lorbeerblätter
- 4 Gewürznelken
- 8 schwarze Pfefferkörner
- 1/4 l Rotweinessig
- 1/4 l Rotwein (z. B. Lemberger)

**1** Zunächst die Beize herstellen. Dazu das Suppengemüse waschen und in kleine Stückchen schneiden. Die Petersilienstängel waschen und kleiner brechen. Die Zwiebel abziehen und vierteln. Alle Zutaten für die Beize mit 1 Liter Wasser aufkochen.

**2** Das Rindfleisch unter fließendem kaltem Wasser waschen und in eine entsprechend große Schüssel legen. Mit der kochend heißen Beizflüssigkeit begießen und bei Zimmertemperatur abkühlen lassen. Die Schüssel abdecken und das Rindfleisch im Kühlschrank 2 bis 4 Tage marinieren lassen.

**3** Das gebeizte Rindfleisch aus der Schüssel nehmen und mit Küchenpapier trockentupfen. Die Beize in einem Topf einige Male aufkochen lassen und erst dann das Fleisch wieder einlegen. Mit etwas Salz würzen und das Fleisch bei geschlossenem Topf in etwa 1 1/2 Stunden fertig schmoren.

**4** Das gegarte Rindfleisch aus dem Topf nehmen, in Alufolie wickeln und zum Nachziehen beiseite legen. Die Beize durch ein Haarsieb passieren.

**5** Für die Sauce den Lebkuchen zerbröseln und zusammen mit der Butter und dem Zucker unter Rühren karamellisieren lassen. Das Mehl einsieben, glatt rühren und alles mit 1/2 Liter Beizflüssigkeit aufgießen. Die Sauce etwa 10 Minuten bei mittlerer Hitze offen kochen lassen. Abschmecken und mit Crème légère verfeinern.

**6** Das Fleisch aus der Folie wickeln, den entstandenen Bratensaft in die Sauce rühren, und in Scheiben schneiden. Auf Teller verteilen und mit Sauce überziehen.

**Zubereitungszeit: 2 Stunden + Beizzeit: 2 bis 4 Tage**

# Pochiertes Kalbsfilet mit Blauschimmelkäse-Sauce

## Klingt gut? Ist gut!!

**Für 4 Portionen**

- 1 ½ l Gemüsebrühe
- ¼ l Prosecco (alternativ Champagner oder Sekt)
- 1 Kalbsfilet von 500 bis 600 g
- Salz, schwarzer Pfeffer
- 2 Fenchelknollen
- 150 g Blauschimmelkäse (Gorgonzola, Roquefort oder Bavaria blue)
- 100 g Sahne

**1** Die Gemüsebrühe mit Prosecco in einem entsprechend breiten Topf aufkochen. Das Kalbsfilet von eventuell vorhandenen Häuten und Sehnen befreien und ganz lassen. Rundherum mit Salz und Pfeffer würzen.

**2** Die Fenchelknollen waschen, vierteln und entstrunken. Die Fenchelviertel in Streifen schneiden, das Fenchelgrün grob hacken und beiseite legen.

**3** Das Kalbsfilet zusammen mit den Fenchelstreifen in die kochende Brühe legen. Die Hitze reduzieren und das Fleisch 12 bis 15 Minuten ziehen lassen. Anschließend herausnehmen, in Alufolie wickeln und gute 10 Minuten nachziehen lassen.

**4** Von der Kochflüssigkeit ½ Liter abmessen, in einen Topf füllen und in 5 bis 8 Minuten offen einkochen lassen.

**5** Inzwischen den Käse fein zerkleinern. Zusammen mit der Sahne mit einem Mixstab unter die reduzierte, nicht mehr kochende (!) Brühe schlagen.

**6** Das Kalbsfilet aus der Folie nehmen und den entstandenen Bratensaft zur Sauce gießen. Das Fleisch schräg in Scheiben schneiden und auf einer Platte anrichten. Die Sauce abschmecken und über die Fleischscheiben gießen. Die Fenchelstreifen mit einem Schaumlöffel aus der restlichen Brühe heben, abtropfen lassen und rund um das Fleisch legen. Alles mit Fenchelgrün garnieren.

**Zubereitungszeit: 45 Minuten**

### Profitipp:

*Das Kalbsfilet mit ein paar Safranfäden in der Brühe pochieren.*
*½ Liter Safranbrühe auf die Hälfte einkochen lassen, mit 100 Gramm kalten Butterstückchen aufmixen. Diese Sauce über die aufgeschnittenen Fleischscheiben träufeln.*
*Oder Sie erweitern den Sud mit feinen Gemüse-Julienne wie Möhre, Zucchini, Knollensellerie und Lauch. Schälen Sie 2 Kartoffeln und ziehen Sie mit einem Sparschäler lange, dünne Streifen ab. Zusammen mit den Gemüsestreifen im Sud garen.*

### Beilagenempfehlung:

*Gratinierte Tomatenhälften, Spätzle mit Pesto (siehe Seite 141), in Butter geschwenkte Okraschoten, Butterreis oder Grießnocken mit Meerrettich*

### Weinempfehlung:

*Prosecco, Champagner oder Sekt*

### Wenn ein Rest bleibt:

*So mag ich es am liebsten: Das Fleisch kalt in feinste Streifen geschnitten in einem Salat aus Orangenfilets, feinen Zucchini- und Fenchelstreifen und mit in Orangensaft eingeweichten Rosinen. Den Salat mit viel Kresse garnieren und dazu Weißbrot mit einer Butter „Crème de Paris“ reichen. Dazu weiche Butter mit einem Spritzer Worcestershire-Sauce, etwas Bratensaft, Salz, Pfeffer und frisch gehackten Kräutern vermischen. Gut gekühlt verwenden.*

# Kalbsvögel am Spieß

## Wenn die Schwaben den Deckel lupfen ...

**Profitipp:**

*Die schwäbischen Kalbsvögele lassen sich hervorragend im Schnellkochtopf, im normalen Kochtopf mit Deckel oder im Römertopf zubereiten. Das Geheimnis der Schwaben besteht einfach im Ziehenlassen der fantastischen Sauce, und diese entsteht, wenn der Deckel alles unter sich im Topf behält.*

*Die gerollten Kalbsschnitzel können in der Größe variieren, Sie sollten sie jedoch unbedingt immer mit Küchengarn in Form binden.*

**Beilagenempfehlung:**

*Spätzle (Seite 141), Spinatspätzle, Sellerie-Kartoffelpüree, in Salbeibutter geschwenkte Kartoffeln, Petersilienkartoffeln, Kartoffelpüree, glasierte Möhrchen oder Schwarzwurzelgemüse*

**Weinempfehlung:**

*Schwäbischer Schillerwein oder ein Württemberger Traminer*

**Wenn ein Rest bleibt:**

*Kalte Bratenstücke in mundgerechte Bissen schneiden und mit blanchierten Bohnen sowie klein geschnittenen Kartoffeln in ein wenig heißer Butter anschwenken. Alles mit Eiermilch (3 Eier und 50 Milliliter Milch) begießen, salzen, pfeffern, reichlich frisch gehackte Kräuter darüber streuen, stocken lassen und mit zwei Gabeln in der Pfanne „zerpflücken“. Ein paar Tropfen Kürbiskernöl darauf träufeln, ein paar Drehungen aus der Pfeffermühle – fertig!*

**Für 4 Portionen**

- 2 dünne Kalbsschnitzel à etwa 400 g
- Salz, weißer Pfeffer
- edelsüßes und rosenscharfes Paprikapulver
- 300 g Kalbsbrät (beim Metzger vorbestellen oder fertiges Leberkäsbrät aus der Kühltheke)
- 250 g TK-Erbsen und Möhren, aufgetaut
- 3 frische Salbeistängel
- 2 EL Mehl
- 2 EL Butter
- 1/4 l trockener Weißwein
- 1/8 l Gemüse- oder Fleischbrühe
- 250 g Sahne

**Außerdem:**

- 2 Holz- oder Metallspieße (Schaschlicklänge)

**1** Die Kalbsschnitzel auf einer Arbeitsfläche auslegen und mit einem Fleischklopfer nicht zu dünn plattieren. Auf beiden Seiten mit Salz, Pfeffer sowie zweierlei Paprikapulver würzen. Den Backofen auf 200 °C (Umluft 180 °C) vorheizen.

**2** Das Kalbsbrät mit den Erbsen und Möhren vermischen und auf die Kalbsschnitzel streichen; dabei die Ränder etwas frei lassen. Den Salbei waschen, von den Stängeln zupfen, fein hacken und auf die Füllung streuen.

**3** Die beiden Kalbsschnitzel fest aufrollen und längs mit je einem Spieß fixieren. Die gefüllten Schnitzel durch das Mehl rollen und überschüssiges Mehl leicht abklopfen.

**4** In einem Bräter die Butter heiß schäumend erhitzen und darin die „Kalbsvögel“ von allen Seiten anbraten. Mit Weißwein ablöschen. Die Brühe und die Sahne angießen. Den Bräter mit einem Deckel verschließen und in den vorgeheizten Backofen schieben. Die Garzeit des Fleisches beträgt etwa 50 bis 60 Minuten; während dieser Zeit die „Kalbsvögel“ eventuell einmal in ihrer Schmorflüssigkeit drehen.

**5** Zum Servieren die „Kalbsvögel“ aus dem Bräter nehmen, abtropfen lassen und die Spieße entfernen. In Alufolie wickeln und 10 Minuten im ausgeschalteten Backofen ziehen lassen. Das Fleisch schräg in nicht zu dünne Scheiben schneiden und mit der Schmorflüssigkeit überziehen.

**Zubereitungszeit: 1 1/4 Stunden**

# Brasilianischer Schmorbraten

## Buntes Copacabana-Treiben im Topf

### Profitipp:

*Falls Sie Schwierigkeiten mit dem Einbringen der Möhren und Würste in das Fleisch haben, so wird Ihnen Ihr Metzger sicherlich helfen. Rezeptvariante: Das Fleisch in etwa 1 Zentimeter große Würfel schneiden und zusammen mit Kidneybohnen in die Sauce geben. Mit frisch gehacktem Koriander bestreuen.*

### Beilagenempfehlung:

*Spezialität aus Bolivien: „Papas con aji". Dazu 1 Kilogramm geschälte, in 2 Zentimeter große Stücke geschnittene Kartoffeln in Fleischbrühe garen. Herausnehmen und mit 200 Gramm Käsewürfelchen (Manchego/Feta), 1 Esslöffel getrocknetem gelben, rotem oder grünem Chili sowie 4 Esslöffeln gemahlenen Hasel- oder Walnüssen locker vermengen. Schmeckt umwerfend!*

### Weinempfehlung:

*Da sich Brasilien erst langsam in Sachen Wein entwickelt: roter Malbec aus Argentinien*

### Wenn ein Rest bleibt:

*Die kalten Fleischscheiben in kleine Stücke schneiden und zusammen mit Zwiebel-, Knoblauch- und Ingwerwürfeln braten. Gekochten Reis unterheben. Mit Currypulver und süß-saurer Chilisauce würzen. Brasilianische Variante: Die Reispfanne feurig mit frischem Chili, Oregano und Kreuzkümmel würzen. Frisch geraspelte Kokosnuss dazu servieren, welche die Schärfe der Chilis mildert.*

**Für 4 Portionen**

- 1 kg Rindfleisch von der Keule
- 4 dünne Möhren
- 2 Chorizowürstchen, etwa 150 g (scharfe, spanische Dauerwurst)
- 2 große Zwiebeln
- 5 Knoblauchzehen
- 1/8 l trockener Rotwein
- 4 Lorbeerblätter
- 1 TL zerstoßene Korianderkörner
- 1 kräftige Prise Salz
- 1 TL zerstoßene Pfefferkörner
- 1/2 TL scharfes Paprikapulver
- 4 EL Pflanzenöl
- 1 1/2 l Gemüsebrühe
- 200 g Sahne

**1** Das Rindfleisch unter fließendem kaltem Wasser waschen und mit Küchenpapier trockentupfen. Die Möhren schälen, die Würstchen pellen. Das Fleisch am Längsende an mehreren Stellen tief einschneiden und die Möhren sowie die Würstchen in das Fleisch fest einschieben.

**2** Die Zwiebeln und die Knoblauchzehen abziehen und klein würfeln. Zusammen mit Rotwein, Lorbeerblättern, Koriander, Salz, Pfefferkörnern und Paprikapulver verrühren und über das Fleisch gießen. Das Fleisch abdecken und für 1 Stunde im Kühlschrank marinieren lassen.

**3** Das Fleisch aus der Marinade nehmen und mit Küchenpapier trockentupfen. Das Pflanzenöl in einem großen Topf erhitzen und das Fleisch darin von allen Seiten anbraten. Mit der Marinade und Gemüsebrühe begießen.

**4** Nach dem ersten Aufkochen den Topf mit einem Deckel verschließen und das Rindfleisch in etwa 1 1/2 Stunden garen. Anschließend das Fleisch aus dem Topf nehmen, in Alufolie wickeln und etwa 20 Minuten ruhen lassen.

**5** Inzwischen die Sauce durch ein Sieb streichen und erneut erhitzen. Nochmals abschmecken und mit Sahne verfeinern. Das Fleisch aus der Alufolie wickeln, in Scheiben schneiden und den entstandenen Bratensaft in die Sauce gießen. Die Fleischscheiben in der Sauce servieren.

**Zubereitungszeit: 2 Stunden + Marinierzeit: 1 Stunde**

# Englisches Roastbeef

## Aber bitte mit Minzsauce!

**1** Die Rinderlende unter fließendem kaltem Wasser waschen und mit Küchenpapier trockentupfen. Die Fettschicht auf der oberen Seite rautenförmig einschneiden. Das Fleisch rundum mit Salz und Pfeffer würzen und das Olivenöl einmassieren. Das Fleisch in Alufolie packen und für einige Stunden oder für einen Tag zum Durchziehen in den Kühlschrank legen.

**2** Den Backofen auf 240 °C (Umluft 220 °C) vorheizen. Das Roastbeef mit der Fettschicht nach oben in einen Bräter legen und in den vorgeheizten Backofen geben. Das Fleisch etwa 30 Minuten braten, anschließend die Temperatur auf 200 °C (Umluft 180 °C) reduzieren und das Fleisch für weitere 30 Minuten braten.

**3** Inzwischen die Minze waschen, trockenschwenken, die Blättchen von den Stängeln zupfen und in Streifen schneiden. Zusammen mit Joghurt, der Worcestershire-Sauce und Zitronensaft verrühren. Die Minzsauce mit Salz und Pfeffer würzen. In Portionsschälchen füllen, mit Folie abdecken und bis zum Gebrauch in den Kühlschrank stellen.

**4** Die Meerrettichwurzel waschen, schälen und fein schaben. Zusammen mit Senf, Essig und Crème fraîche verrühren. Geschlagene Sahne unterziehen und die Sauce mit Salz und Pfeffer würzen. Ebenfalls in Portionsschälchen füllen, mit Folie abdecken und in den Kühlschrank stellen.

**5** Das Roastbeef aus dem Bräter nehmen, in Alufolie einwickeln und für mindestens 30 Minuten in den ausgeschalteten Ofen legen. Anschließend das Fleisch aus der Folie nehmen, den entstandenen Bratensaft in eine Portionsschale gießen und das Roastbeef nochmals 5 bis 10 Minuten ruhen lassen. Das Fleisch anschließend in dünne Scheiben schneiden, auf Teller verteilen und mit den beiden Saucen servieren.

**Zubereitungszeit: 2 Stunden + Marinierzeit: bis zu 1 Tag**

**Für 6 Portionen**

1,5 kg Rinderlende am Stück
Salz
grob geschroteter schwarzer Pfeffer
2 EL Olivenöl

**Für die Minzsauce:**

1 Bund frische Minze
250 g Naturjoghurt
1 Spritzer Worcestershire-Sauce
1 TL Zitronensaft
Salz, Pfefffer

**Für die Meerrettichsauce:**

150 g frische Meerrettichwurzel
1 TL Dijon-Senf
1/2 TL Weinessig
150 g Crème fraîche
150 g geschlagene Sahne
Salz, Pfefffer

### Profitipp:

*Engländer schwören zwar auf ihre „horseradish sauce“ zum Roastbeef und essen ihre Minzsauce zum Lamm, ich finde aber den Minzgeschmack zum Roastbeef umwerfend gut …*

*Perfekt gebratenes Roastbeef ist innen rosa – „englisch“ – gebraten! Gartest: Drücken Sie mit einem Finger auf die Oberfläche des gebratenen Fleisches – gibt es leicht federnd nach, ist es fertig.*

### Beilagenempfehlung:

*Mit Speck umwickelte grüne Bohnen, gratinierte Kartoffeln (Rezept Seite 136), Folienkartoffeln, Maiskolben mit Knoblauch, verschiedene Saucen wie Hollandaise, Bernaise oder eine grüne Kräutersauce*

### Weinempfehlung:

*Penedes Tempranillo – ein Rotwein aus Spanien*

### Wenn ein Rest bleibt:

*Italienische Version: Dünne Fleischscheiben breitflächig auf einer Servierplatte auslegen. Mit viel Rucola und Parmesan bestreuen, mit Aceto balsamico und Olivenöl beträufeln, frisch gemahlener Pfeffer darüber.*

*Karibisch: Hauchdünn geschnittenes Roastbeef mit dünnen Orangenscheiben abwechselnd dachziegelartig anrichten. Darüber eine Prise Zimt, gemahlenen Kreuzkümmel und einen Hauch Macis (Muskatblüte). Im Kühlschrank kurz ziehen lassen. Mit einer feinen Zitrus-Mayonnaise genießen.*

# Rinderfilet im Pilz-Blätterteig-Mantel

## „Filet Wellington" modern

**1** Das Rinderfilet von eventuell vorhandenen Häuten und Sehnen befreien, unter fließendem kaltem Wasser waschen und mit Küchenpapier trockenreiben. Mit Salz und Pfeffer würzen. Das Öl in einer großen Pfanne oder in einem Bräter erhitzen und das Rinderfilet darin von allen Seiten einige Minuten braten; herausnehmen und abkühlen lassen.

**2** Die Steinpilze für 10 Minuten in kaltem Wasser einweichen. Schalotten abziehen und fein würfeln. Den Schinken sehr fein würfeln. Die Champignons mit einem feuchten Tuch abreiben, kleiner schneiden und grob hacken. Die Petersilie waschen, trockenschwenken, die Blättchen von den Stängeln zupfen und fein hacken.

**3** Den Backofen auf 200 °C (Umluft 180 °C) vorheizen. Ein Backblech mit flüssiger Butter einfetten.

**4** 1 Esslöffel Butter in einer Pfanne heiß schäumend erhitzen und darin Schalotten, Schinken und Champignons glasig dünsten. Die Steinpilze ausdrücken, kleiner schneiden und in die Pfanne rühren. Alles mit Salz und Pfeffer würzen. Die Petersilie sowie die Crème double unterrühren und die Pfanne beiseite ziehen.

**5** Den Blätterteig auf einer bemehlten Arbeitsfläche zu einem Rechteck von etwa 30 x 40 Zentimeter auswellen. Die Pilzmasse auf dem Teig gleichmäßig verteilen und dabei die Ränder freilassen. Das Rinderfilet in die Mitte geben und dieses mit dem Teig fest einschlagen; dabei die Ränder fest andrücken. Das Teigpaket mit der Nahtstelle nach unten auf das Backblech setzen und die Teigoberfläche mit einem Messer rautenförmig einschneiden.

**6** Das Eigelb mit 3 Esslöffeln Wasser verquirlen und den Blätterteig rundherum damit bestreichen. Das Backblech in den vorgeheizten Backofen schieben und das Rinderfilet in 35 bis 40 Minuten backen. Anschließend knappe 10 Minuten ruhen lassen und erst dann in Scheiben schneiden.

**Zubereitungszeit: 1 ½ Stunden**

**Für 4 Portionen**

- 1 kg Rinderfilet
- Salz
- grob geschroteter schwarzer Pfeffer
- 3 EL Pflanzenöl

**Für die Umhüllung:**

- 20 g getrocknete Steinpilze
- 2 Schalotten
- 200 g gekochter Schinken
- 250 g frische Champignons
- ½ Bund Petersilie
- 1 EL Butter
- Salz, Pfeffer
- 2 EL Crème double
- 300 g TK-Blätterteig (1 Paket), kurz aufgetaut
- 1 Eigelb (Größe M)

**Außerdem:**

- 1 TL flüssige Butter für das Backblech
- Mehl für die Arbeitsfläche

### Profitipp:

*Die „Duxelle-Masse", wie Profiköche das Pilzgemisch nennen, kann auch ohne Steinpilze und statt mit gekochtem auch mit rohem Schinken zubereitet werden. Nach klassischer Art wird Filet Wellington mit einer Trüffelsauce serviert. Ich bevorzuge (auch wegen der hohen Kosten für frische Trüffel) Sauce hollandaise oder Sauce bernaise dazu.*

### Beilagenempfehlung:

*In Butter geschwenkte grüne Bohnen, Folienkartoffeln oder Kartoffelgratin (Rezept Seite 136), gemischte Blattsalate und kalte Dipsaucen nach Belieben*

### Weinempfehlung:

*Mal nicht der traditionelle rote Burgunder, sondern ein Chiraz aus Südaustralien*

### Wenn ein Rest bleibt:

*Kaltes Rinderfilet in schmale Streifen schneiden und als Salateinlage verwenden. Oder kalt mit Feigensenf, frischen Feigen und Weißbrot zu einem Glas Rotwein genießen.*
*Hauchdünn geschnittenes Fleisch breitflächig auf Rote-Bete-Scheiben verteilen und mit Sahnemeerrettich oder frisch gehobeltem Meerrettich servieren.*
*„Carpaccio": Dünne Fleischscheiben mit Olivenöl beträufeln und dick mit frischem Parmesan überhobeln. Ein bis zwei Drehungen aus der Pfeffermühle – und vielleicht noch ein Spritzer Zitronensaft oder Aceto balsamico.*

# Spanferkel und Schwein

# Schwein gehabt – wenn Saftigkeit und Kruste stimmen!

Schweinefleisch zählt zu den beliebtesten Fleischarten der Deutschen, da es am unkompliziertesten in der Zubereitung erscheint und vor allem günstig im Einkauf ist. Seine Beliebtheit verdankt es aber auch dem aromatisch-kräftigen Geschmack sowie der vollständigen Verwertbarkeit eines ganzen Schweines.

Klimatisch bevorzugt das Schwein eher gemäßigte Temperaturen, zu hohe oder gar subtropische Temperaturen sind ihm nicht zuträglich. Das dürfte auch einer der Gründe dafür sein, dass beispielsweise in Afrika und Asien kaum Schweinezucht betrieben wird. Zudem spielen Kultur und Religion eine Rolle: Im Islam und Judentum ist der Verzehr von Schweinefleisch nicht gestattet, der Koran beispielsweise bezeichnet Schweine als „unrein“.

Was vom Schwein nicht als Fleisch auf den Tisch kommt, findet seine Bestimmung in der Wurst. Ob Räucherwaren oder Kotelett, Schinken oder Würste – aus Schweinefleisch lässt sich alles machen.

Im Gegensatz zum Rindfleisch wird Schweinefleisch sofort nach der Schlachtung verwendet, es braucht nicht abgehangen zu sein und schmeckt frisch am besten. Je nach Züchtung, Herkunft und Alter der Tiere ist das feinfaserige Fleisch meist mit fast weißem Fett durchzogen.

Das Durchschnittsalter schlachtreifer Tieren liegt bei etwa 9 Monaten, teilweise noch vor der Geschlechtsreife. Schweinefleisch ist sehr wasserhaltig und daher saftig. Es hat eine blassrote Farbe. Das Fleisch älterer Tiere ist eher dunkelrot und trockener. Achten Sie beim Einkauf darauf!

Durch den Wunsch nach magerem Fleisch hat sich die Schweinzucht im Laufe der Zeit verändert. Einerseits möchte man eine schöne knusprige Kruste, andererseits keine zu dicke Fettschicht. Also werden die Tiere anders gefüttert als früher, das Fleisch ist kalorienärmer und sogar vitaminreicher.

Die Züchtung *Deutsche Landrasse* wird am häufigsten angeboten, dicht gefolgt von *Deutsches Edelschwein*, *Duroc*, *Lèicoma*. Besondere Leckerbissen sind das *Schwäbisch Hallische Schwein*, das *Angler Sattelschwein* und das *Bunte Bentheimer Schwein*.

Auch bei Schweinefleisch gilt: Qualität hat seinen Preis! Fleisch vom Biobauern, bei dem Herkunft und Aufzucht der Tiere bekannt ist, sollte man dem billigeren Fleisch aus Massentierhaltung vorziehen.

Die Wahl der Bratenstücke ist ganz einfach, denn sie liegen schon fertig in Portionen zerlegt in den Kühltheken der Supermärkte oder in der Auslage in Ihrem Fleischerfachgeschäft.

Nehmen Sie für Bratengerichte immer ein paar zusätzliche Knochen mit, denn für die Sauce sind sie eine wichtige Grundlage. Bei Fleischstücken mit Knochen kann man entweder die Knochen vor dem Braten ausschneiden und diese extra mitbraten oder das Fleischstück mit den Knochen im Ganzen braten. Bei einem Nackenstück kein Problem, bei einem Kotelettstück eher schwierig. Lassen Sie sich bei Unsicherheiten im Umgang mit Fleisch und Knochen stets in Ihrem Fachgeschäft beraten.

Junge Ferkel, die nicht älter als 6 Wochen und ein Gewicht bis zu 15 kg haben, nennt man **Spanferkel**. Das Wort Span leitet sich von säugen, spänen ab, es handelt sich um ein Jungtier, das noch säugt. Die besten Spanferkel, auch für die Zubereitung am Grill, sind Ferkel um die 20 kg, allerdings mit einem Alter von fast 10 Wochen.

## Zum Braten empfohlen:

Nacken, Kotelett, Oberschale, Nuss, Schulter, Unterschale, Haxe, Hüfte – je nach Belieben ganze Stücke mit Schwarte; Filet im Ganzen

## Zum Schmoren geeignet:

Brustspitz, Schulter, Kotelettstück, Bauch, Schinken, Fleischstücke vom Nacken

Informationen zu Qualitätsmerkmalen für Schweinefleisch, den richtigen Brattemperaturen sowie Würzempfehlungen finden Sie auf Seite 8.

# Hackbraten „Falscher Hase“

## Berliner Humor im Backofen

*Berliner sind nicht verlegen, wenn es um einen zu vergebenden Spitznamen geht, der zeigen soll, wie beliebt oder auch unbeliebt eine Sache ist. Riesenbulette zum Hackbraten zu sagen, ist nicht ihr Ding, zweimal wird kein Name vergeben. Die Bezeichnung „Falscher Hase“ drückte in den schlechten Kriegszeiten die Sehnsucht nach einem schönen großen Braten, am besten einem Hasenbraten, aus. Eine kulinarische Halluzination „sitzt“ dann im Ofen: Die Möhrchen im Hackfleischteig sind das „Futter“, das gekochte Ei in der Mitte stellt das Hasenherz dar, und die Form des Bratens soll einem Hasen ähneln – so sind sie, die Berliner.*

**Profitipp:**
*Zum Aufschneiden des Hackbratens am besten ein elektrisches Messer verwenden.*

**Beilagenempfehlung:**
*Dazu schmecken nach Berliner Art Rotkohl (Rezept Seite 144) und Kartoffelpüree.*

**Weinempfehlung:**
*Ein schön gekühlter Weißburgunder oder ein „jutes Berlina“ Pils*

**Wenn ein Rest bleibt:**
*Der Hackbraten schmeckt auch kalt sehr gut, mit einem Salat und Butterbrot.*

**Für 4 Portionen**

- 50 g geräucherter Speck
- 4 entrindete Weißbrotscheiben
- 50 ml heiße Milch
- 1 Zwiebel
- 1 Knoblauchzehe
- 1/4 Bund glatte Petersilie
- 1 kleine Möhre
- 1 Ei (Größe M)
- 1 kg gemischtes Hackfleisch (Schwein und Rind)
- etwas abgeriebene Schale von 1 unbehandelten Zitrone
- 1/2 TL getrockneter Majoran
- Salz, schwarzer Pfeffer
- 1 Prise gemahlene Muskatnuss
- 1 EL scharfer Senf
- 1 hart gekochtes Ei (Größe M)
- 1 Fleischtomate
- 1/2 Bund Suppengrün (Lauch, Sellerie, Möhre)
- 3 EL Pflanzenöl
- 1/2 l Fleischbrühe
- 1 Becher Crème fraîche (150 g)

**1** Den Speck fein würfeln. Die Weißbrotscheiben in Würfel schneiden, mit heißer Milch übergießen und mit einem Tuch abdecken. Die Zwiebel und die Knoblauchzehe abziehen und fein würfeln. Die Petersilie waschen, trockenschwenken, von den Stängeln zupfen und fein hacken. Die Möhre schälen und in kleine Würfel schneiden.

**2** Alle vorbereiteten Zutaten sowie das rohe Ei mit dem Hackfleisch vermengen. Mit Zitronenschale, Majoran, Salz, Pfeffer, Muskatnuss und Senf würzen. Mit nassen Händen einen Fleischlaib formen. Das hart gekochte Ei pellen und mittig in dem Laib „verstecken“.

**3** Den Backofen auf 200 °C (Umluft 180 °C) vorheizen. Die Tomate und das Suppengemüse waschen und alles etwas kleiner schneiden. Das Pflanzenöl in einem Bräter erhitzen und darin den Fleischlaib auf beiden Seiten anbraten. Das Suppengemüse und die Tomate einlegen, kurz anrösten lassen und mit etwa 50 Milliliter Fleischbrühe begießen.

**4** Den Bräter mit einem Deckel verschließen, in den vorgeheizten Backofen stellen und den Hackbraten etwa 30 Minuten garen lassen. Den Deckel entfernen und den Braten etwa 10 Minuten bräunen lassen.

**5** Den Hackbraten vorsichtig aus dem Bräter nehmen und in Alufolie wickeln. Den Bratensatz mit der restlichen Fleischbrühe loskochen und etwa 5 Minuten einkochen lassen. Anschließend durch ein Sieb passieren und aufkochen lassen.

**6** Die Sauce mit Salz und Pfeffer würzen und mit Crème fraîche verfeinern. Den Hackbraten aufschneiden und auf einer Servierplatte anrichten. Den Bratenfond aus der Folie in die Sauce rühren und diese getrennt zum Braten servieren.

**Zubereitungszeit: 1 Stunde**

# Spanferkelkeule mit Dunkelbiersauce

## Deftiges, mit Backpflaumen gefüllt

**Profitipp:**

*Der Metzger Ihres Vertrauens wird das gute Stück vom Schwein entsprechend Ihren Wünschen vorbereiten. Dies geht aber meist nur auf Vorbestellung.*
*Sie können die Keule auch mit Knochen braten oder eine andere Füllung wählen, wie zum Beispiel Äpfel und Zwiebel oder Semmelknödelteig (siehe Seite 142).*

**Beilagenempfehlung:**

*Kartoffelklöße, Kohlgemüse, Rotkohl (Rezept Seite 144), Kartoffelnudeln, Linsen mit Spätzle, Semmelknödel (Seite 142)*

**Weinempfehlung:**

*Dunkles Bier oder ein kräftiger roter Primitivo aus Apulien*

**Wenn ein Rest bleibt:**

*Größere Reststücke in kleinere Portionen schneiden und auf frisch gekochtem Grünkohl zum Aufwärmen auf die Oberfläche legen.*
*Oder Sie erwärmen die Reststücke vorsichtig in restlicher Bratensauce und servieren diese auf Kartoffelpuffern (Rezept Seite 137).*

**Für 4 Portionen**

- 1 ausgelöste Spanferkelkeule mit dem zerkleinerten Knochen (insgesamt 1,5 kg)
- Salz, schwarzer Pfeffer
- ½ Bund Suppengrün (Lauch, Möhre und Sellerie)
- 1 Zwiebel
- 1 Knoblauchzehe
- 150 g Backpflaumen
- 5 EL Pflanzenöl
- 2 Pimentkörner
- 4 Wacholderbeeren
- 2 Gewürznelken
- 2 Lorbeerblätter
- 1 EL Tomatenmark
- ½ l Fleischbrühe
- ½ l dunkles Bier

**1** Die Spanferkelkeule sowie die Knochen unter fließendem kaltem Wasser abspülen und mit Küchenpapier trockentupfen. Die Schwarte der Keule rautenförmig einschneiden und das Fleisch sowie die Knochen mit Salz und Pfeffer würzen.

**2** Den Backofen auf 220 °C (Umluft 200 °C) vorheizen. Das Suppengemüse waschen und in kleine Stücke schneiden. Die Zwiebel und die Knoblauchzehe ungeschält klein schneiden. Die Backpflaumen entkernen, etwa 100 Gramm in die Spanferkelkeule füllen und den Rest beiseite legen.

**3** Das Pflanzenöl in einem Bräter erhitzen und darin die Spanferkelkeule sowie die Knochen von allen Seiten anbraten. Den Bräter in den vorgeheizten Backofen schieben und die Keule unter mehrmaligem Wenden etwa 30 Minuten braten.

**4** Den Bräter auf den Herd stellen. Das vorbereitete Gemüse sowie die Gewürze und die restlichen Backpflaumen einstreuen und auf dem Herd anbraten. Das Tomatenmark zufügen, kurz anrösten und alles mit der Fleischbrühe sowie ¼ Liter dunklem Bier aufgießen.

**5** Den Bräter zurück in den Backofen schieben und die Temperatur auf 200 °C (Umluft 180 °C) verringern. Während der Garzeit von etwa 1 Stunde die Keule mehrmals im Schmorgemüse wenden. Anschließend die Keule aus dem Bräter nehmen, auf einen Gitterrost legen und bei Oberhitze in 10 Minuten kross braten.

**6** Den Bräterinhalt mit dem restlichen Bier aufgießen und aufkochen lassen. Die Sauce durch ein Sieb streichen, nochmals aufkochen und abschmecken. Die Spanferkelkeule vor dem Anschneiden etwa 10 Minuten ruhen lassen.

**Zubereitungszeit: 2 Stunden**

# Schweinerücken mit Knoblauch und Salbei

## Aus der provenzalischen Küche

**Rezept zum Titelfoto**

**Für 6 Portionen**

- 1 kg ausgelöster Schweinerücken
- 500 g Schweineknochen
- Salz, schwarzer Pfeffer
- 5 Knoblauchzehen
- 5 Salbeistängel
- 1 Zwiebel
- 1 Tomate
- 4 EL Pflanzenöl
- 2 EL Dijon-Senf (oder scharfer Senf)
- 1/4 l Fleischbrühe
- 1 Spritzer Zitronensaft
- 100 g Crème fraîche

**Außerdem:**

- 1 Spicknadel

**1** Das Fleisch und die Knochen unter fließendem kaltem Wasser waschen und mit Küchenpapier trockentupfen. Mit Salz und Pfeffer würzen. Die Knoblauchzehen abziehen und längs vierteln. Mit einer Spicknadel entsprechend viele Löcher in das Fleisch bohren und die Knoblauchviertel hineinstecken.

**2** Backofen auf 220 °C (Umluft 200 °C) vorheizen. Den Salbei waschen, die Blättchen abzupfen und in Streifen schneiden. Die Stängel etwas kleiner schneiden. Die Zwiebel abziehen und vierteln. Die Tomate waschen und kreuzweise einschneiden.

**3** 1 Esslöffel Pflanzenöl mit Senf verrühren und das Fleisch damit rundherum bestreichen. Restliches Pflanzenöl in einem Bräter erhitzen und darin den Schweinerücken sowie die Knochen anbraten.

**4** Die Salbeistängel sowie einige Salbeistreifen, die Zwiebelviertel und die Tomate in den Bräter geben. Mit etwa 50 Milliliter heißem Wasser aufgießen und den Bräter in den Backofen schieben. Den Schweinerücken unter mehrmaligem Wenden in etwa 1 1/4 Stunden braten.

**5** Sobald das Fleisch gar ist, den Bräter auf den Herd stellen. Das Fleisch herausnehmen, mit ein paar frischen Salbeistreifen bestreuen und in Alufolie wickeln. Im ausgeschalteten Backofen ruhen lassen.

**6** Den Bratensatz im Bräter mit Fleischbrühe begießen und kurz loskochen. Die Sauce durch ein Sieb passieren. Mit Zitronensaft, Crème fraîche und den restlichen Salbeiblättern verfeinern. Die Sauce abschmecken.

**7** Den Schweinerücken aus der Folie nehmen und den entstandenen Bratensaft sowie die Salbeistreifen in die Sauce rühren. Die Knoblauchviertel aus dem Schweinerücken entfernen und das Fleisch in Scheiben schneiden. Die Sauce separat dazu reichen.

**Zubereitungszeit: 1 3/4 Stunden**

### Profitipp:

*Falls Sie keine Spicknadel zur Hand haben, können Sie das Fleisch mit einem kleinen Messer einritzen.*

*Das Fleisch beim Braten mit nur wenig Flüssigkeit begießen, damit es nicht in der Flüssigkeit schmort. Nur immer ein wenig feucht halten und darauf achten, dass das magere Fleisch immer wieder gewendet wird, um nicht auszutrocknen.*

*Einen Schutz für große, magere Fleischstücke bietet auch das kurzzeitige Belegen mit Speckstreifen beim Braten: Das Fleisch bleibt saftig und trocknet nicht aus.*

### Beilagenempfehlung:

*Kartoffelpüree mit Erbsen, gratinierte Tomaten, Mangoldgemüse oder gratinierte Kartoffeln (Rezept siehe Seite 136)*

### Weinempfehlung:

*Roter Côtes-de-Provence, um kulinarisch in der Gegend zu bleiben*

### Wenn ein Rest bleibt:

*Meist bleibt von der Sauce gar nichts übrig. Die Fleischscheiben in dünnere Scheibchen schneiden und als Belag auf ofenfrischem Ciabattabrötchen mit Pesto sowie Rucola-Salat servieren.*

# Schweinenacken auf Salzmeer

## Raffiniert und problemlos

**Profitipp:**
*Salz dient nicht nur zum Würzen, sondern hebt z. B. die Kochtemperatur des Wassers, stoppt das Auslaugen von Gemüse beim Kochen oder gibt, wie in diesem Rezept, dem Fleisch Zartheit und raffinierte Aromatisierung. In diesem Rezept wird Meersalz verwendet, weil es den tpyischen „Meereshauch" mit dem rustikalem Geschmack des Schweinefleisches verbindet. Da es relativ teuer ist, können Sie aber auch gern normales Salz, jedoch kein Jodsalz, verwenden.*

**Beilagenempfehlung:**
*Zu diesem Fleisch wird keine Sauce serviert, dafür viele Salate, wie z. B. Kartoffel-, Gurken- oder Krautsalat. Und natürlich frisches Bauernbrot mit Butter und Schnittlauch.*

**Weinempfehlung:**
*Sangiovese aus der Toscana*

**Wenn ein Rest bleibt:**
*Für Brotzeit, Vesper, Jause oder für die „Stulle" sind die kalten Fleischscheiben ideal. Cornichons, Mixed Pickels, Gewürzgurken und Remoulade dazu servieren.*
*Sie können das restliche Fleisch auch in sehr schmale Streifen oder kleine Würfel schneiden und diese mit einem bunt gemischten Salat vermischen. Die Marinade dazu aus Joghurt, Zitronensaft, gehacktem Dill, Salz und Pfeffer zubereiten.*

**Für 6 Portionen**

- **1,5 kg Schweinenacken ohne Knochen**
- **4 Knoblauchzehen**
- **frisch geschroteter schwarzer Pfeffer**
- **1,5 kg Meersalz**

**1** Den Schweinenacken unter fließendem kaltem Wasser waschen und mit Küchenpapier gründlich trockentupfen. Den Knoblauch abziehen, durch eine Knoblauchpresse drücken und das Fleisch damit einreiben. Das Fleisch rundherum pfeffern.
**2** Das Fleisch in einen Behälter geben, mit Alufolie verschließen und für 1 Tag zum Marinieren in den Kühlschrank stellen.
**3** Den Backofen auf 220 °C (Umluft 200 °C) vorheizen und ein Backblech mit Meersalz ausstreuen. Das Salz sollte ungefähr 2 Zentimeter hoch aufgeschüttet sein. Das Backblech in den vorgeheizten Backofen schieben und das Salz etwa 15 Minuten erhitzen.
**4** Das Backblech aus dem Ofen nehmen und das Schweinefleisch auf das heiße Salz geben. Das Backblech zurück in den Ofen schieben und das Fleisch in 1 3/4 Stunden garen. Während dieser Garzeit nicht die Backofentür öffnen!
**5** Das fertig gegarte Fleisch vom Salz nehmen, in Alufolie wickeln und 10 Minuten ruhen lassen. Zum Servieren in Scheiben schneiden.
**Zubereitungszeit: 2 Stunden + Marinierzeit: 1 Tag**

**Variante**

## Schweinenacken in der Salzkruste

Den Schweinenacken mit Knoblauchstiften spicken. Eine hohe Auflaufform, in der das Schweinefleisch großzügig Platz hat, am Boden etwa 4 Zentimeter hoch mit Meersalz ausstreuen. 1 Eiweiß mit 2 Esslöffeln kaltem Wasser verquirlen und gleichmäßig darüber träufeln. Den Schweinerücken leicht mit schwarzem Pfeffer würzen und in 4 bis 5 blanchierte und abgetropfte Wirsingblätter hüllen; auf das Salzbett setzen. Das Fleisch vollständig mit Meersalz (etwa 4 Zentimeter hoch) bedecken und dieses mit 1 verquirlten Eiweiß und 2 Esslöffeln kaltem Wasser gleichmäßig befeuchten. Die Auflaufform in den vorgeheizten Backofen bei 240 °C (Umluft 220 °C) schieben und das Fleisch in etwa 1 1/4 Stunden garen lassen. Das Meersalz zwischendurch zwei- bis dreimal befeuchten. Anschließend den Salzblock aus der Auflaufform stürzen und das Fleisch „herausklopfen". In Scheiben geschnitten servieren.

# Schweinebraten vom Halsgrat

*Bayern sind sich nicht ganz einig, ob Knoblauch an den Schweinebraten gehört oder nicht. Ich bleibe bei der Version ohne Knoblauch. Doch die Bayern sind auch bekannt für ihre Einstellung „Du hast Recht und ich hab meine Ruhe“ – und somit kann jeder die Knoblauchfrage individuell lösen …*
*Und in einem sind sich alle einig: „Kartoffeln sind uns am liebsten, wenn sie zuerst von einer Sau gefressen wurden“.*

**Profitipp:**
*Ich bevorzuge beim „Bayerischen“ Schweinebraten stets das mit einer gleichmäßige Fettfaserung durchzogene Halsstück vom Schwein. Der Braten wird dadurch saftig und schön zart. Natürlich gibt es die Fraktion der Krustenliebhaber, die dieses Rezept genauso für Schulter- und Schlegelstück, mit in Rauten eingeritzter Schwarte, verwenden können. Um die Schwarte richtig kross zu braten, einfach mit Butter bepinseln und mit ganz, ganz wenig Flüssigkeit braten.*

**Beilagenempfehlung:**
*Obligatorisch: Semmelknödel (siehe Rezept Seite 142), Bayerisch Kraut oder lauwarmer Krautsalat.*

**Weinempfehlung:**
*Bayrisches Bier oder ein Rotling aus Franken*

## Bayerische Allüren

**Für 4 Portionen**

- 1 kg Schweinehalsgrat ohne Knochen (Schweinenacken)
- einige gehackte Schweineknochen
- Salz, schwarzer Pfeffer
- edelsüßes Paprikapulver
- 1 EL Kümmel
- 1 große Zwiebel
- 100 g Knollensellerie
- 1 Möhre
- 1 Tomate
- 50 g Butterschmalz
- 1/4 l helles Bier
- 1/2 l Fleischbrühe

**1** Den Backofen auf 200 °C (Umluft 180 °C) vorheizen. Das Schweinefleisch und die Knochen unter fließendem kaltem Wasser waschen und trockentupfen. Fleisch und Knochen rundherum mit Salz, Pfeffer, Paprikapulver und Kümmel würzen.

**2** Die Zwiebel abziehen und in grobe Stücke schneiden. Sellerie, Möhre und Tomate waschen, nicht schälen, und ebenso grob stückeln. Butterschmalz in einem Bräter erhitzen. Fleisch und Knochen von allen Seiten darin anbraten.

**3** Das Gemüse einstreuen und den Bräter in den vorgeheizten Backofen schieben. Während der Bratzeit von 1 1/2 Stunden das Fleisch mehrmals wenden und dabei mit dem Bier begießen.

**4** Sobald das Fleisch gar ist, den Bräter auf den Herd stellen. Den Braten aus dem Bräter nehmen, in Alufolie wickeln und im ausgeschalteten Backofen 10 Minuten ruhen lassen.

**5** Die Fleischbrühe in den Bräter gießen und den Bratensatz loskochen. Die Sauce durch ein Sieb in einen Topf passieren, erhitzen und abschmecken. Das Fleisch in Scheiben schneiden und mit Sauce überziehen.

**Zubereitungszeit: 1 3/4 Stunden**

# Schweinefilet mit Whiskysauce

## Schnell gemacht und super lecker

**Für 4 Portionen**

- 2 Schweinefilets à etwa 400 g
- Salz, schwarzer Pfeffer
- 1/4 TL getrockneter Thymian
- 4 dünne Scheiben Räucherspeck
- 4 EL Pflanzenöl
- 5 cl Whisky oder Whiskey
- 200 g Sahne

**1** Die Schweinefilets von eventuell vorhandenen Häuten und Sehnen befreien, unter fließendem kaltem Wasser waschen und mit Küchenpapier trockentupfen. Rundherum mit Salz, Pfeffer und Thymian würzen und mit je zwei Scheiben Räucherspeck umwickeln.

**2** Den Backofen auf 220 °C (Umluft 200 °C) vorheizen. Das Öl in einem Bräter erhitzen und darin die Schweinefilets von allen Seiten anbraten. Den Bräter in den vorgeheizten Backofen schieben und die Filets in 15 bis 20 Minuten fertig braten.

**3** Sobald das Fleisch gar ist, den Bräter auf den Herd stellen. Die Filets aus dem Bräter nehmen, Speck entfernen, das Fleisch in Alufolie wickeln und in den ausgeschalteten Ofen legen.

**4** Den Bratensatz im Bräter mit Whisky ablöschen und mit Sahne aufgießen. Die Sauce unter Rühren einige Male aufkochen lassen und eventuell nachwürzen.

**5** Die Schweinefilets aus der Alufolie nehmen, den ausgetretenen Bratensaft in die Sauce rühren, und das Fleisch schräg in Scheibchen aufschneiden. Die Fleischscheiben auf Tellern anrichten und mit der Sauce überziehen.

**Zubereitungszeit: 30 Minuten**

*Whisky oder Whiskey? Die Schreibweise verrät die Herkunft: Wird der Branntwein aus Destillaten von verzuckerter, vergorener Gerstenmalz-, Weizen- oder Roggen-Maische mit „ey" geschrieben, so ist er amerikanischen oder irischen Ursprungs. Wird er nur mit „y" geschrieben, so handelt es sich um schottischen Whisky. Sie werden sicher Ihren Favoriten für diese köstliche Sauce zu den Schweinefilets verwenden …*

### Profitipp:

*Die Sauce mit Pfifferlingen variieren. Dazu 1 gewürfelte Zwiebel in heiß schäumender Butter andünsten, 250 Gramm frische Pfifferlinge einstreuen und solange braten, bis der Pilzsaft aufgesogen ist. Alles mit Whiskey ablöschen und mit Sahne aufgießen. Zusätzlich frisch gehackte Petersilie unterziehen.*

### Beilagenempfehlung:

*Gratinierte Kartoffeln (Rezept Seite 136), Kartoffelkroketten oder auch -plätzchen, Brokkoli mit Mandeln, körnig gekochter Reis*

### Weinempfehlung:

*Malt Whisky von den schottischen Highlands – mit viel stillem Mineralwasser*

### Wenn ein Rest bleibt:

*Hauchdünne Filetscheiben zusammen mit frischem Rucola, Pesto, Parmesanspänen und getrockneten Tomaten auf frischem Weißbrot servieren. Oder auf Toast mit Cocktailsauce und Salatblättern anrichten.*

<u>Variante</u>

# Schweinefilet mit Nuss-Salbei-Sauce

Die Schweinefilets wie oben beschrieben im Backofen garen. Währenddessen die Blättchen von 5 Stängel Salbei in Streifen schneiden. 100 g Walnußhälften fein hakken. 4 Knoblauchzehen schälen und fein würfeln.

Die gegarten Filets in Alufolie wickeln und in den ausgeschalteten Backofen legen.

2 Esslöffel Butter mit 1 Esslöffel Zucker in einer Pfanne schmelzen. Walnüsse, Salbei und Knoblauch einrühren und alles 2 Minuten garen. Alles mit 200 g Sahne ablöschen und mit Salz und Pfeffer würzen. Das Fleisch aus der Folie nehmen. Den entstandenen Bratensaft in die Sauce rühren, nochmals abschmecken und separat zum aufgeschnittenem Fleisch servieren.

# Schweinelende süß-sauer

## Schwein mit Ananas auf Abwegen ...

**Profitipp:**
*Sie können für dieses Rezept auch andere Fleischstücke, etwa Schlegel (Keule), Nuss, Nacken oder auch Schulter vom Schwein verwenden. Es eignen sich auch Putenrollbraten, Kalbsbraten oder Filetstücke. Das Abrunden der Sauce mit Kokosnusspaste können Sie weglassen, falls Sie den Geschmack nicht gern mögen.*

**Beilagenempfehlung:**
*Reis mit Koriander, Reisplätzchen, Gemüsereis, Bandnudeln oder japanische Weizenmehlnudeln*

**Weinempfehlung:**
*Halbtrockener Spätburgunder von der Ahr*

**Wenn ein Rest bleibt:**
*Das magere, kalte Schweinefleisch in hauchdünne Streifen schneiden, mit blanchierten Bohnen, Champignons, kleinen Cocktailtomaten, Zucchinistückchen sowie gekochten Glasnudeln vermischen. Mit einer Sauce aus gehacktem Chili und Knoblauch, Reisweinessig, Sojasauce und Pfeffer zubereiten.*
*Oder Sie packen die Fleischscheiben in ein Wrap (fertige Tortillas), mit viel süß-saurer Chinasauce und frischen Sojasprossen.*

**Für 4 Portionen**

- 1 kg Kotelettstück ohne Knochen (Lende)
- Salz, schwarzer Pfeffer
- 1 TL Currypulver
- 2 Knoblauchzehen
- 1 Zwiebel
- 1 Stange Lauch
- 2 Möhren
- 1 säuerlicher Apfel
- Saft von 1/2 Zitrone
- 2 cm frischer Ingwer
- 4 EL Pflanzenöl
- 1 EL Zucker
- 1 EL Tomatenmark
- 100 ml trockener Sherry (Fino)
- 50 ml helle Sojasauce
- 1/4 l Fleischbrühe
- 100 g Kokosnusspaste
- 250 g Ananasecken mit Saft (Glas)

**1** Das Fleisch unter fließendem kaltem Wasser waschen und mit Küchenpapier trockentupfen. Rundherum mit Salz, Pfeffer und Curry einreiben. Backofen auf 200 °C (Umluft 180 °C) vorheizen.

**2** Die Knoblauchzehen und die Zwiebel abziehen und fein würfeln. Den Lauch der Länge nach durchschneiden, zwischen den Blattschichten waschen und quer in Streifen schneiden. Die Möhren schälen und in kleine Stücke schneiden.

**3** Den Apfel schälen, entkernen, in kleine Stücke schneiden und mit Zitronensaft beträufeln. Den Ingwer schälen und grob würfeln. Das Pflanzenöl in einem Bräter erhitzen und das Fleisch darin von allen Seiten braten. Herausnehmen und auf einen Teller legen.

**4** Das vorbereitete Gemüse in den Bratensatz einstreuen und unter Rühren anbraten. Mit Zucker und Tomatenmark verrühren und mit Sherry sowie der Hälfte der Sojasauce aufgießen.

**5** Das Fleisch auf das Gemüse legen und mit Fleischbrühe begießen. Den Bräter mit einem Deckel verschließen und in den vorgeheizten Backofen schieben. Während der 1 1/2-stündigen Schmorzeit das Fleisch ein- bis zweimal wenden und mit der Schmorflüssigkeit übergießen.

**6** Sobald das Fleisch gar ist, den Bräter auf den Herd stellen. Das Fleisch aus dem Bräter entfernen, in Alufolie wickeln und in den ausgeschalteten Backofen legen.

**7** Den Bratensatz im Bräter mit etwa 100 Milliliter Wasser loskochen. Die Sauce durch ein Sieb streichen und erneut zum Erhitzen auf den Herd stellen. Die Kokosnusspaste in die Sauce schaben und gut verrühren. Die Ananasecken mit Saft sowie die restliche Sojasauce einrühren. Die Sauce abschmecken.

**8** Das Fleisch aus der Alufolie wickeln und in Scheiben schneiden, den Bratensaft in die Sauce rühren. Fleisch und Sauce getrennt voneinander servieren.

**Zubereitungszeit: 2 Stunden**

# Krustenbraten vom Spanferkelrücken

## Für „Knusper-Fans“

### Profitipp:

*Mit der Schwarte ist es immer so eine Sache, denn sie soll schließlich knusprig sein und trotzdem möchte man viel köstliche Sauce. Kriegt die Schwarte jedoch zuviel Flüssigkeit ab, wird sie ledrig-feucht und dann schmeckt sie nicht. Prüfen Sie also am Schluss die Schwarte – ist sie nicht kross genug, dann pinseln Sie etwas Salzwasser darüber und geben das gute Stück für einige Minuten unter den Backofengrill.*

### Beilagenempfehlung:

*Kartoffelklöße oder Semmelknödel (Seite 142), Bratkartoffeln mit viel Kümmel und Krautsalat und Bauernbrot. Auch gut: Feldsalat mit Speck oder ein Kopfsalat mit Vinaigrette.*

### Weinempfehlung:

*Südafrikanischer Pinotage. Ein Bier passt hier allerdings auch.*

### Wenn ein Rest bleibt:

*Das Fleisch in kleine Stücke schneiden und zusammen mit Pellkartoffeln und Apfelstücken in der Pfanne sautieren. Mit Salz, Pfeffer, Paprika und Thymian würzen. Zuletzt 2 bis 3 Rühreier und gehackte Petersilie darüber geben, die Eier kurz stocken lassen und sofort servieren.*

**Für 4 Portionen**

- 1 kg Spanferkelrücken (die Rippen vom Metzger gut einschneiden lassen)
- Salz, schwarzer Pfeffer
- 1 Prise edelsüßes Paprikapulver
- 1 TL Kümmel
- 4 Knoblauchzehen
- 2 große Zwiebeln
- 1 Stange Lauch
- 1 säuerlicher Apfel
- 1 EL Zitronensaft
- 1/2 TL Majoran
- 5 EL Pflanzenöl
- 1/4 l Weißbier
- 1 EL flüssige Butter
- 1/2 l Bratensauce vom Schwein (Grundrezept Seite 148 )

**1** Das Fleischstück unter fließendem kaltem Wasser waschen und mit Küchenpapier trockentupfen. Mit Salz, Pfeffer, Paprikapulver und Kümmel rundherum einreiben. Den Backofen auf 200 °C (Umluft 180 °C) vorheizen.

**2** Die Knoblauchzehen und die Zwiebeln abziehen und in Streifen schneiden. Den Lauch längs halbieren, zwischen den Blattschichten waschen und quer in Streifen schneiden. Den Apfel schälen und das Kerngehäuse entfernen. Das Fruchtfleisch in Spalten schneiden und mit Zitronensaft und Majoran vermengen.

**3** Das Pflanzenöl in einem Bräter erhitzen und darin das Gemüse etwa 2 Minuten andünsten. Alles mit der Hälfte des Weißbiers begießen und den Spanferkelrücken darauf legen.

**4** Den Bräter in den vorgeheizten Backofen schieben. Während der Garzeit von etwa 45 Minuten den Spanferkelrücken nach und nach immer wieder mit dem restlichen Weißbier begießen.

**5** Nach der Hälfte der Garzeit die Schwarte einschneiden und mit flüssiger Butter bepinseln. Nicht mehr mit Flüssigkeit beträufeln, denn die Schwarte soll kross und knackig werden.

**6** Sobald das Fleisch gar ist, den Bräter auf den Herd stellen. Das Fleisch in Alufolie wickeln und in den ausgeschalteten Backofen legen.

**7** Den Bratensatz im Bräter mit Bratensauce aufgießen und einige Minuten offen kochen lassen. Die Sauce durch ein Sieb passieren und nach Bedarf abschmecken. Das Fleisch aus der Alufolie nehmen und in Scheiben schneiden, den entstandenen Bratensaft zur Sauce gießen. Die Sauce separat zum Fleisch reichen.

**Zubereitungszeit: 1 1/4 Stunden**

# Schweineschulter mit Cidre-Kartoffeln

## Aus der Bretagne

**1** Die Schweineschulter und die Knochen unter fließendem kaltem Wasser waschen und mit Küchenpapier trockentupfen. Rundherum mit Salz und Pfeffer würzen. Die Gewürznelken im Mörser zerreiben, mit Senf und 1 Esslöffel Pflanzenöl verrühren und das Fleischstück damit bestreichen.

**2** Den Backofen auf 200 °C (Umluft 180 °C) vorheizen. Das restliche Öl in einem Bräter erhitzen und darin das Fleischstück sowie die Knochen rundherum anbraten.

**3** Den Bräter in den vorgeheizten Backofen schieben und das Fleisch etwa 15 Minuten braten. Das Fleisch mit je 1/4 Liter Cidre und Fleischbrühe begießen. Die Lorbeerblätter einlegen und den Bräter mit einem Deckel oder Alufolie verschließen. Während der 1 1/2-stündigen Garzeit das Fleisch mehrmals wenden.

**4** Kurz vor Ende der Garzeit die Kartoffeln schälen und in Viertel schneiden. Die Frühlingszwiebeln putzen und vierteln. Die Äpfel schälen, entkernen, vierteln und mit Zucker sowie mit Apfelsaft vermengen. Den Thymian waschen und kleiner zupfen.

**Für 4 bis 5 Portionen**

- 1 kg Schweineschulter
- 2 Schweineknochen
- Salz, schwarzer Pfeffer
- 4 Gewürznelken
- 1 TL Dijon-Senf
- 5 EL Pflanzenöl
- 1/2 l Cidre (Apfelwein)
- 1/2 l Fleischbrühe
- 3 Lorbeerblätter
- 1 kg fest kochende Kartoffeln
- 1 Bund Frühlingszwiebeln
- 1 kg säuerliche Äpfel
- 1 TL Zucker
- 50 ml Apfelsaft
- 4 Thymianzweige

**5** Den Deckel oder die Alufolie vom Bräter nehmen. Kartoffeln, Frühlingszwiebeln, Äpfel und Thymian in den Bräter geben und alles mit dem restlichen Cidre und der restlichen Fleischbrühe begießen. Den Bräter wieder verschließen und für weitere 30 Minuten in den Backofen schieben, bis die Kartoffeln gar sind.

**6** Das Fleisch aus dem Bräter nehmen, in Alufolie wickeln und 10 Minuten im ausgeschalteten Ofen ruhen lassen. Kartoffeln, Frühlingszwiebeln und Äpfel auf einer Servierplatte anrichten. Die Schmorflüssigkeit durch ein Sieb passieren, abschmecken und in eine Sauciere füllen. Das Fleisch aus der Alufolie nehmen, den Bratensaft in die Sauce gießen, und den Braten in Scheiben schneiden.

**Zubereitungszeit: 2 Stunden**

### Profitipp:

*Sollte das Schulterstück durch das Auslösen des Knochens keine ganz so schöne Form mehr haben, so binden Sie das Fleisch einfach wieder mit Küchengarn in Form.*
*Für dieses Rezept eignen sich auch sehr gut Schweinenacken, Schweinenuss oder -schlegel.*
*Den Cidre können Sie nach Wunsch durch Apfelmost, Apfelsaft oder trockenen Weißwein ersetzen.*

### Beilagenempfehlung:

*In diesem Rezept sind die Beilagen schon enthalten. Zum Saucetunken kräftiges Bauernbrot oder ofenfrisches Baguette dazu servieren.*

### Weinempfehlung:

*Cidre aus der Bretagne oder ein kleiner weißer Bordeaux*

### Wenn ein Rest bleibt:

*Restliche Fleischscheiben in der Mikrowelle oder unter dem Backofengrill erwärmen. Unter einer Haube von frisch gerösteten Zwiebelringen auf dunklem, kräftigen Bauernbrot mit Butter servieren.*

# Spanferkelrücken mit Gemüse-Brotteig-Füllung

## Kulinarischer Gruß aus Österreich

*Die Wirtin und Köchin Berta Unterberger ist nicht nur im ganzen Pinzgau für ihre leidenschaftliche Kochkunst bekannt: Im „Taxbauerngut in Bruck-Hundsdorf" (hoch über der Großglocknerstraße) hängt sogar eine Auszeichung des Gault Millau. Nach dem Spanferkel-Genuss habe ich mir ihr Rezept aufgeschrieben.*

### Profitipp

*von Berta Unterberger:*
*Zum Aufgießen von Bratenstücken nehme ich Gemüsesud, für den ich einfach einen Suppenbund, verschiedene Kräuter wie Kerbel, Liebstöckel, Petersilie – was gerade so im Garten wächst –, Salz und einige Pfefferkörner in Wasser auskoche und durchpassiere. Davon habe ich immer im Kühlschrank etwas parat.*

### Beilagenempfehlung:

*Mostkraut (Weißkraut, das in karamellisiertem Zucker und Apfelmost geschmort wird) sowie ein Kartoffelstrudel.*

### Weinempfehlung:

*Ein leichter Tempranillo aus Navarra oder dunkles Bier*

### Wenn ein Rest bleibt:

*Olivenöl, Kümmel, Salz, grob geschroteten schwarzen Pfeffer, rosenscharfes Paprikapulver sowie durchgepressten Knoblauch verrühren. Die Bratenscheiben auf einem Backblech mit der Mischung bestreichen und kurz übergrillen. Dazu: Rucola-Salat mit Kürbiskernöl, Krustenbrot und Kräuterquark.*

**Für 5 bis 6 Portionen**

- 1,5 kg ausgelöster Spanferkelrücken mit Schwarte
- Salz, schwarzer Pfeffer
- edelsüßes Paprikapulver
- Kümmel
- 500 g Brötchen vom Vortag
- 1/2 l heiße Milch
- 3 Eier (Größe M)
- 250 g Champignons
- 2 Knoblauchzehen
- 1 große Zwiebel
- 1/4 Bund Suppengrün (Lauch, Möhre, Sellerie)
- 2 EL Butter
- 1/4 l dunkles Bier
- 1/2 l Gemüsesud (siehe Profitipp)

**Außerdem:**

- Küchengarn

**1** Den Spanferkelrücken unter fließendem kaltem Wasser waschen und mit Küchenpapier trockentupfen. Auf beiden Seiten kräftig mit Salz, Pfeffer, Paprikapulver und Kümmel einreiben.

**2** Die Brötchen in Würfel schneiden und in eine Schüssel geben. Mit heißer Milch begießen und die Eier darüber aufschlagen. Die Champignons putzen und klein schneiden. Die Knoblauchzehen sowie die Zwiebel abziehen und klein würfeln. Das Suppengemüse waschen, Möhre und Sellerie schälen und alles klein würfeln.

**3** 1 Esslöffel Butter in einer Pfanne erhitzen und darin das Gemüse andünsten. Die Pfanne beiseite ziehen, das Gemüse kurz abkühlen lassen und in die Brotschüssel geben. Alles gut durchmischen, mit Salz und Pfeffer würzen und breitflächig auf das Fleisch geben. Das Fleisch aufrollen und mit Küchengarn in Form binden.

**4** Den Backofen auf 140 °C (Umluft 120 °C) vorheizen. Den gerollten Spanferkelrücken in eine Bratraine geben und rundherum mit flüssiger Butter bepinseln. Die Bratraine in den vorgeheizten Ofen schieben und das Fleisch unter mehrmaligem Wenden und Begießen mit Bier sowie mit Gemüsesud etwa 3 Stunden langsam garen.

**5** Nach diesen 3 Stunden bei niedriger Temperatur die Hitze auf 200 °C (Umluft 180 °C) erhöhen. Den Großteil der Flüssigkeit aus der Bratraine in einen Topf gießen und das Fleisch in etwa 3/4 Stunde fertig braten.

**6** Sobald das Fleisch gar ist, die Bratreine auf den Herd stellen. Den Spanferkelrücken aus der Bratraine nehmen, in Alufolie wickeln und in den ausgeschaltenen Ofen legen.

**7** Den Bratensatz in der Bratreine mit der Flüssigkeit aus dem Topf aufgießen und loskochen. Abschmecken und durch ein Sieb passieren. Den Spanferkelrücken aus der Folie nehmen, das Küchengarn entfernen. Den entstandenen Bratensaft in die Sauce gießen. Den Braten in nicht zu dünne Scheiben schneiden. Sauce separat reichen.

**Zubereitungszeit: 4 1/2 Stunden**

# Schweinekotelett im Schmorgemüse

## Ungarische Genüsse

**1** Das Schweinefleisch unter fließendem kaltem Wasser waschen und mit Küchenpapier trockentupfen. Mit Salz, Pfeffer und beiden Sorten Paprikapulver kräftig würzen. Mit Mehl bestäuben. Den Backofen auf 200 °C (Umluft 180 °C) vorheizen.

| Für 4 Portionen |
|---|
| 1 kg Schweinekotelett am Stück, mit Knochen |
| Salz, schwarzer Pfeffer |
| edelsüßes und rosenscharfes Paprikapulver |
| 1 kräftige Prise Mehl |
| 2 Zwiebeln |
| 2 Knoblauchzehen |
| 100 g Räucherspeck |
| je 2 grüne und rote Paprikaschoten |
| 500 g geschälte Tomaten im Saft (Dose) |
| 6 EL Pflanzenöl |
| 1 EL Tomatenmark |
| 2 EL Tomatenketchup |
| 100 ml Likörwein (z. B. ungarischer Tokajer) |
| ½ l Fleischbrühe |

**2** Die Zwiebeln und den Knoblauch abziehen und in Streifen schneiden. Den Räucherspeck in kleine Würfel schneiden. Paprikaschoten waschen, Stielansätze, Trennwände und Kerne entfernen und das Fruchtfleisch in dünne Streifen schneiden.

**3** Die Tomaten in kleinere Stücke schneiden und wieder zurück in den Saft legen. 4 Esslöffel Pflanzenöl in einem Bräter erhitzen und das Fleisch darin auf jeder Seite kräftig anbraten; herausnehmen und auf einen Teller legen.

**4** Das restliche Pflanzenöl in den Bräter gießen und darin Zwiebeln, Knoblauch, Räucherspeck und Paprikastreifen andünsten. Alles mit beiden Sorten Paprikapulver bestäuben. Tomatenmark und -ketchup einrühren. Mit Wein ablöschen und mit Fleischbrühe aufgießen.

**5** Das Schweinekotelett auf das kochende Gemüse setzen und den Bräter mit Folie abdecken. Den Bräter in den Backofen stellen. Während der Garzeit von etwa 1 ½ Stunden, das Fleisch zwei- bis dreimal wenden und mit der eigenen Schmorflüssigkeit beträufeln.

**6** Sobald das Fleisch gar ist, den Bräter auf den Herd stellen. Das Fleisch aus dem Bräter nehmen, in Alufolie wickeln und für 15 Minuten in den ausgeschalteten Backofen legen. Das Schmorgemüse im Bräter kurz aufkochen und abschmecken.

**7** Das Schweinekotelett aus der Alufolie wickeln, den entstandenen Bratensaft zum Schmorgemüse gießen und das Fleisch – den Knochen nachzeichnend – in Scheiben schneiden. Auf Teller verteilen und mit dem Schmorgemüse überziehen.

**Zubereitungszeit: 2 ½ Stunden**

### Profitipp:

*Vor allem die Knochen geben dem Schmorgemüse Geschmack. Aber auch Schweinenacken, Schweinelende oder, wenn es ganz schnell gehen soll, Schweine- oder Kalbsfilet passen zum Rezept.*
*Schmorgemüse kann man mit dem Mixstab pürieren und durch ein Sieb passieren. Die sämige Sauce mit Petersilie und Sahne verfeinern.*

### Beilagenempfehlung:

*Reis oder Nudeln nach Wahl, Kartoffelpüree oder Kartoffelpuffer (siehe Seite 137)*

### Weinempfehlung:

*Ein ganz alltäglicher Tischwein aus Ungarn, der Tokaj Furmint. In Ungarn nennt man ihn schlichtweg „Bratenwein". Doch sollte man ihn auf keinen Fall mit den bernsteinfarbenen Tokajer-Spezialitäten, den Likörweinen, verwechseln!*

### Wenn ein Rest bleibt:

*Die restlichen Fleischscheiben auf ein gefettetes Backblech legen, mit Birnenscheiben und Preiselbeeren belegen und dick mit Schimmelkäse oder einem anderen Käse überbacken. Oder die einzelnen Koteletts in der Mikrowelle schonend erwärmen. In einer Pfanne Zwiebelwürfel und frische Champignons andünsten, mit Weißwein ablöschen und mit Sahne aufgießen. Mit Salz, Pfeffer, Worcestershire-Sauce würzen. Die Koteletts mit dieser feinen Sauce überziehen und mit Kartoffelkroketten servieren.*

# Verpacktes Hackfleisch

## Rollbraten aus Chile

**Für 6 Portionen**

- 1 kg Hackfleisch vom Schwein
- 5 Knoblauchzehen
- 1 EL gemahlener Kreuzkümmel
- 1 TL getrockneter Oregano
- 4 EL Chilisauce (Fertigprodukt)
- 1 EL Weinessig
- Salz, schwarzer Pfeffer
- 1 große frische Schweineschwarte (beim Metzger vorbestellen)
- 1/2 l Fleischbrühe

**Außerdem:**

- Küchengarn

**1** Das Hackfleisch in eine Schüssel geben. Die Knoblauchzehen abziehen und durch eine Knoblauchpresse dazu drücken. Das Fleisch mit Kreuzkümmel, Oregano, Chilisauce, Weinessig, Salz und Pfeffer würzen.

**2** Den Backofen auf 200 °C (Umluft 180 °C) vorheizen. Die Schweineschwarte unter fließendem kaltem Wasser abwaschen und mit Küchenpapier trockentupfen. Das vorbereitete Hackfleisch auf der Schwarteninnenseite verteilen und verstreichen.

**3** Die Schweineschwarte mit der Füllung von der Längsseite her fest aufrollen und mit Küchengarn zu einem Rollbraten binden. Den Braten in einen Bräter geben und rundherum die Fleischbrühe angießen.

**4** Den Bräter in den vorgeheizten Backofen schieben. Den Rollbraten insgesamt etwa 1 1/2 Stunden garen, wobei in den letzten 20 Minuten die Temperatur auf 240 °C (Umluft 220 °C) erhöht werden muss, um die Schwarte knusprig zu bekommen. Am besten dazu den Backofengrill einschalten und die Schwarte rundherum mit etwas Salzwasser bepinseln.

**5** Den fertigen Rollbraten aus dem Bräter nehmen und im ausgeschalteten Backofen 15 Minuten nachziehen lassen. Den Bratensaft aus der Bratraine durch ein Sieb passieren und nach Bedarf nachwürzen. Den Rollbraten in Scheiben schneiden, mit der Sauce beträufeln und servieren.

**Zubereitungszeit: 2 Stunden**

### Profitipp:

*Es ist wichtig, dass die Schwarte frei von Fett ist, ansonsten wird der Braten zu kalorienträchtig und nicht richtig knusprig.*
*Sie können das Hackfleisch auch zu einem Laib formen und dann in der Schwarte einhüllen. Damit haben Sie die Möglichkeit, den fertigen Hackbraten ohne die Schwarte zu servieren.*
*Als Dipsauce eignet sich am besten fertige Chilisauce, deren Schärfegrad Sie auswählen können.*

### Beilagenempfehlung:

*Knusprig gebratene und gewürzte Potatoewedges, grüne Salate mit Vinaigrette, Gemüsereis oder Backkartoffeln*

### Weinempfehlung:

*Aus der chilenischen Region Casablanca ein sortenreiner Carmenere (wiederentdeckte rote Bordeaux-Traube) oder auch als Verschnitt mit Merlot*

### Wenn ein Rest bleibt:

*Die Schwarte vollständig entfernen und das Hackfleisch in Portionsstücke teilen. Diese mit Pellkartoffeln, Paprika- und Zwiebelwürfeln in Olivenöl anbraten. Mit verquirlten Eiern übergießen, mit Salz, Pfeffer, Paprikapulver und Kümmel würzen. Die Eier stocken lassen und anschließend alles gut vermischen.*
*Reste vom gebratenen Hackfleisch lassen sich auch gut in verschiedenen Aufläufen verwerten.*

# Pikante Schweinelende mit Champignons

## Urlaubserinnerung an Bolivien

1 Das Schweinefleisch unter fließendem kaltem Wasser waschen und mit Küchenpapier trockentupfen. Mit Salz und Pfeffer würzen und in Mehl wenden.

| Für 4 Portionen |
|---|
| 1 kg Schweinelende am Stück |
| Salz, schwarzer Pfeffer |
| 2 EL Mehl |
| 3 EL Pflanzenöl |
| 1/4 l dunkles Bier |
| 1/4 l Fleischbrühe |
| 250 g Champignons |
| 2 EL Tomatenketchup |
| 1 EL mittelscharfer Senf |
| 1 bis 2 EL Worcestershire-Sauce |

2 Den Backofen auf 200 °C (Umluft 180 °C) vorheizen. Das Pflanzenöl in einem Bräter erhitzen und das Fleisch darin rundherum anbraten. Mit Bier und Fleischbrühe ablöschen.

3 Den Bräter mit Alufolie verschließen und in den vorgeheizten Backofen schieben. Das Fleisch etwa 35 bis 40 Minuten garen lassen.

4 Inzwischen die Champignons mit einem feuchten Tuch abreiben und feinblättrig schneiden.

5 Sobald das Fleisch gar ist, den Bräter auf den Herd stellen. Das Fleisch aus dem Bräter nehmen, in Alufolie wickeln und in den ausgeschalteten Backofen legen.

6 Die Bratflüssigkeit in dem Bräter einmal aufkochen lassen und durch ein Sieb passieren. Mit Tomatenketchup, Senf und Worcestershire-Sauce würzen. Die Pilze einrühren und bei mittlerer Hitze 5 Minuten ziehen lassen.

7 Die Schweinelende aus der Folie wickeln, den entstandenen Fleischsaft in die Sauce rühren und die Lende in Scheiben schneiden. Die Fleischscheiben auf Teller verteilen und mit der Sauce überziehen.

**Zubereitungszeit: 1 Stunde**

### Proftitipp:

*Statt Schweinelende können Sie auch Schweinefilet verwenden. Die Garzeit verkürzt sich dadurch um etwa 10 Minuten. Das Gericht kann auch im Schmortopf auf dem Herd zubereitet werden.*

### Beilagenempfehlung:

*In Bolivien schätzt man Quinoa, die Samen eines Gänsefußgewächses, welche wie Reis zubereitet werden. Dazu 2 Tassen Quinoa mit 3 Tassen Wasser etwa 20 Minuten kochen. Erst zuletzt mit Salz würzen und einige Butterflöckchen unterziehen. Sie bekommen Quinoa in Reformhäusern oder gut sortierten Lebensmittelabteilungen in Kaufhäusern. Oder Sie servieren Reis zum Braten, vermischt mit schwarzen und roten Bohnen.*

### Weinempfehlung:

*Ein bolivianischer Cabernet Sauvignon – vom höchsten Weinberg der Welt (2800 m), 1000 km südlich von La Paz*

### Wenn ein Rest bleibt:

*Das restliche kalte Fleisch in Scheiben schneiden, auf ein gefettetes Backblech legen und mit blanchierten Gemüsestreifen sowie mit Käse belegen. Kurz überbacken und mit gemischtem Blattsalat genießen.*
*Sie können das kalte Fleisch auch fein würfeln und unter einen Nudel- oder Reissalat mischen.*

# Eisbein auf Sauerkraut

## Oder Surhaxe auf bayerisch?

**Profitipp:**
*Aus Furcht vor dem vielen Fett bzw. der „mächtigen“ Schwarte verzichten manche Menschen lieber auf Eisbein. Schade, denn was unter der Schwarte zu finden ist – nämlich das fein säuerlich-würzige, magere Fleisch – ist es wert, dieses Rezept nachzukochen. Meistens essen ja die Männer die Schwarten, Krusten und Fettstücke – und die Frauen können genüsslich „unter die Haut gehen“ ...*

**Beilagenempfehlung:**
*Parallel zum Eisbein oder kurz vor Ende der Garzeit, geschälte Kartoffeln kochen. Diese nur grob zerstampfen und mit flüssiger Butter, die mit etwas Kümmel und Petersilie gewürzt ist, servieren.*

**Weinempfehlung:**
*Kräftiges Pils ... und vielleicht ein Kräuterlikör zur Verdauung*

**Wenn ein Rest bleibt:**
*Das magere Fleisch in mundgerechte Bissen schneiden und zusammen mit Essiggurken, Sahnemeerrettich und frischem Bauernbrot genießen. Sie können die kalten Fleischstücke auch unter einen Kartoffelsalat mit vielen Zwiebeln mischen.*
*Oder: Die Fleischstücke in heißer Fleischbrühe mit Markklößchen servieren.*

**Für 4 Portionen**

- 2 gepökelte Schweinshaxen (Schweinedickbein, beim Metzger vorbestellen)
- 2 Zwiebeln
- 1 Bund Suppengrün (Lauch, Möhre, Sellerie)
- einige Petersilienstängel
- Salz
- 2 EL Weißweinessig
- 4 Lorbeerblätter
- 5 Gewürznelken
- 10 Wacholderbeeren
- 10 weiße Pfefferkörner
- 1 EL Butterschmalz
- 1 kg fertiges Sauerkraut
- 1/4 l Fleischbrühe
- 1/2 säuerlicher Apfel

**Außerdem:**

- 1 EL gehackte Petersilie

**1** Die Schweinshaxen mit kaltem Wasser begießen und etwa 30 Minuten stehen lassen. Inzwischen eine Zwiebel abziehen und halbieren. Das Suppengemüse waschen, Möhre und Sellerie schälen und das gesamte Gemüse in kleine Stücke schneiden. Die Petersilie waschen, die Blätter von den Stängeln nehmen und kleiner zupfen.
**2** Die Schweinshaxen mit frischem kaltem Wasser bedecken, mit einer Prise Salz versehen und zum Kochen aufsetzen. Zwiebelhälften, Gemüse, Essig, Petersilie sowie 2 Lorbeerblätter, 3 Gewürznelken, 5 Wacholderbeeren und 5 Pfefferkörner einrühren.
**3** Nach dem ersten Aufkochen die Hitze reduzieren, den Topf mit einem Deckel verschließen und die Schweinshaxen bei niedriger Temperatur etwa 2 1/2 Stunden garen lassen.
**4** Kurz vor Ende der Garzeit die restliche Zwiebel abziehen und in Streifen schneiden. Das Butterschmalz erhitzen und darin die Zwiebelstreifen hell andünsten. Das Sauerkraut, mit einer Gabel zerrupft, zufügen, die Brühe angießen und die restlichen Lorbeerblätter, Gewürznelken, Wacholderbeeren und Pfefferkörner einrühren. Den Apfel schälen, entkernen und in das Sauerkraut reiben. Das Sauerkraut bei kleiner Hitze etwa 20 Minuten leise köcheln lassen.
**5** Sobald sich das Schweinefleisch von den Knochen lösen lässt, die Schweinshaxen aus dem Kochsud nehmen und auf einer Arbeitsplatte kurz ruhen lassen. Das Sauerkraut nach Bedarf abschmecken und auf tiefe Teller verteilen. Das Fleisch von den Knochen lösen, in Portionen schneiden und auf den Krauttellern verteilen. Mit Petersilie bestreuen und servieren.

**Zubereitungszeit: 3 Stunden**

# Glasiertes Kasseler-Rippenstück

## Ein prächtiger Festtags-Schmaus

**1** Das Kasseler unter fließendem kaltem Wasser waschen, mit Küchenpapier trockentupfen. Rundherum mit Pfeffer und Paprikapulver einreiben. Backofen auf 200 °C (Umluft 180 °C) vorheizen.
**2** Das Pflanzenöl in einem Bräter erhitzen und darin das Kasseler von allen Seiten anbraten. Mit Wein und Fleischbrühe ablöschen. Den Lauch längs aufschneiden, zwischen den Blattschichten waschen und quer in Streifen schneiden. Zusammen mit den Lorbeerblätter, den Wacholderbeeren sowie den Gewürznelken in den Bräter geben.
**3** Den Bräter in den vorgeheizten Backofen schieben. Das Fleisch etwa 30 Minuten garen lassen.
**4** Inzwischen den Honig mit dem Senf, der Aprikosenkonfitüre, dem Paniermehl und dem frisch geschabten Meerrettich verrühren.
**5** Das Kasseler aus dem Bräter nehmen, auf ein mit Alufolie ausgelegtes Backblech legen und mit dem Konfitüre-Meerrettich-Gemisch auf der Fettseite dick bestreichen. Den Backofen auf Grillstufe stellen und das Kasseler in 20 Minuten knusprig überbacken. Eventuell das Fleisch zwischendurch noch zwei- bis dreimal mit der Paste bestreichen.
**6** Den Bräterinhalt aufkochen und durch ein Sieb streichen. Mit der Kräuter-Crème-fraîche verfeinern und nach Bedarf nochmals abschmecken. Das glasierte Kasseler aus dem Backofen nehmen, 5 bis 8 Minuten ruhen lassen und in Scheiben aufschneiden. Die Sauce separat dazu reichen.

**Zubereitungszeit: 1 ½ Stunden**

**Für 6 Portionen**

- 1,5 kg rohes Kasseler mit Knochen
- schwarzer Pfeffer
- edelsüßes Paprikapulver
- 2 EL Pflanzenöl
- 1/8 l süßer Wein (z. B. Muscat de Rivesaltes)
- 1/8 l Fleischbrühe
- 1 Stange Lauch
- 2 Lorbeerblätter
- 5 Wacholderbeeren
- 2 Gewürznelken
- 2 EL Honig
- 1 EL Dijon-Senf
- 2 EL Aprikosenkonfitüre
- 2 EL Paniermehl (Semmelbrösel)
- 50 g frisch geschabter Meerrettich
- 50 g Kräuter-Crème-fraîche

*Das Kasseler stammt nicht aus Kassel, genauso wie die Wiener in Wien Frankfurter heißen und in Frankfurt Wiener ... Der Fleischermeister Cassel aus Berlin legte die Rippenstücke erstmalig in Salzlake ein und räucherte sie anschließend. Somit gilt er als Erfinder des Kasselers. Das Kasseler hat sich als deutsches Nationalgericht, mit Salzkartoffeln und Sauerkraut serviert, etabliert.*

### Proftipp:

*Das gegarte Kasseler-Rippenstück aus dem Bräter nehmen, nicht glasieren, sondern in Blätterteig einwickeln. Dazu 300 Gramm aufgetauten Blätterteig auswellen und aus einem Teil des Teigs mit Weihnachtsausstechern Plätzchen herstellen. Diese als Verzierung auf dem verpackten Kasseler mit verquirltem Eigelb anbringen.*

### Beilagenempfehlung:

*Pommes frites oder Bratkartoffeln, Bohnen mit Speck, lauwarmer Kartoffelsalat, Tomaten- oder Kopfsalat, Kartoffelpüree und Blumenkohlgemüse*

### Weinempfehlung:

*Canaiolo rose aus der Toscana*

### Wenn ein Rest bleibt:

*Hoppel-Poppel nach Berliner Art: Fleischreste in kleine Würfel schneiden und zusammen mit Kartoffelstücken in reichlich Butter anbraten. Mit verquirlten Eiern begießen und ein Omelette herstellen.*

# Schweinebauch mit Kastanien-Birnenkraut

## Deutsche Küche vom Feinsten

### Profitipp:

*Die Füllung kann nach Belieben variiert werden, etwa mit gekochten Kartoffeln, Äpfeln, viel frischer Petersilie und Champignons oder mit einem leckeren Brezel-Semmelknödelteig (siehe Rezept Seite 142).*
*Bei der im Rezept beschriebenen Herstellung können Sie rohe, gewürzte Kartoffeln in den letzten 30 bis 40 Minuten mit in den Bräter geben, dann ist alles im Backofen ... ohne großen Aufwand.*

### Beilagenempfehlung:

*Kartoffelklöße (Seite 142), Fingernudeln, Bratkartoffeln oder Kartoffelschmarrn, bunte Blattsalate und Erbsen-Möhren-Gemüse, Brokkoli*

### Weinempfehlung:

*Vino Tinto aus La Mancha*

### Wenn ein Rest bleibt:

*Blätterteigkipferl: Das Fleisch sehr klein würfeln und portionsweise mit etwas Sauerkrautfüllung auf Blätterteigdreiecke geben. Den Teig mit Füllung zu Hörnchen aufdrehen und rundherum mit verquirltem Ei bepinseln. Im vorgeheizten Backofen etwa 15 bis 20 Minuten bei 200 °C (Umluft 180 °C) backen. Die Kipferl halten sich im Kühlschrank tagelang – falls die Naschkatzen nicht vorher darüber herfallen ...*
*Zum Dippen eignen sich scharfer Senf, Senf- oder Currysaucen, Sahnemeerrettich oder Kräutersaucen.*

**Für 6 Portionen**

- 1,5 kg Schweinebauch mit Schwarte und eingeschnittener Tasche (beim Metzger vorbestellen)
- 2 Knoblauchzehen
- Salz, schwarzer Pfeffer
- edelsüßes und rosenscharfes Paprikapulver
- Kümmel
- 150 g geschälte, gekochte Kastanien (aufgetaute TK-Ware oder aus der Vacuumpackung)
- 1 Zwiebel
- 1 große Birne (Williams oder Abate)
- 1 EL Butter
- 1 TL Zucker
- 500 g fertiges Sauerkraut
- 2 Gewürznelken
- 4 Wacholderbeeren
- 4 Korianderkörner
- 2 Lorbeerblätter
- 1/8 l Birnensaft (ersatzweise Apfelsaft oder trockener Weißwein)
- 3 EL Pflanzenöl
- 1/8 l Fleischbrühe
- 1/4 l Bratensauce (siehe Grundrezept Seite 148)

**Außerdem:**
Küchengarn oder Holzspieße

**1** Das Fleisch abspülen und trockentupfen. Den Knoblauch abziehen, durch eine Presse drücken und das Fleisch damit einreiben. Ringsum mit Salz, Pfeffer, den Paprikapulvern sowie Kümmel würzen; bis zum Gebrauch in den Kühlschrank stellen.
**2** Die Kastanien grob hacken. Zwiebel abziehen und fein würfeln. Die Birne schälen, entkernen und das Fruchtfleisch in kleine Spalten schneiden. Butter in einem Topf erhitzen und Zwiebel, Kastanien sowie Birnen hell dünsten. Mit Zucker würzen und das Sauerkraut, mit einer Gabel zerrupft, zufügen.
**3** Gewürznelken, Wacholderbeeren, Koriander sowie Lorbeerblätter im Mörser zerreiben und unter das Kraut rühren. Mit Birnensaft begießen und knappe 10 Minuten bei mittlerer Hitze leise kochen lassen. Anschließend vollständig abkühlen lassen.
**4** Backofen auf 220 °C (Umluft 200 °C) vorheizen. Das Fleisch mit dem Sauerkraut füllen. Die Öffnung zunähen oder mit Holzspießchen schließen.
**5** Pflanzenöl in einem Bräter erhitzen und darin das Fleisch auf beiden Seiten anbraten. Im geschlossenen Bräter im Ofen 2 1/2 Stunden braten. Zwischendurch das Fleisch einige Male wenden, gelegentlich mit etwas Fleischbrühe beträufeln.
**6** Den Deckel entfernen, die Schwarte mit etwas Salzwasser bepinseln und den Backofengrill einschalten. Schwarte in etwa 20 Minuten bräunen.
**7** Den Bräter auf den Herd stellen. Den Braten in Alufolie wickeln und im ausgeschalteten Backofen ruhen lassen. Die Bratensauce in den Bräter gießen und den Bratensatz einige Male aufkochen lassen. Die Sauce durch ein Sieb passieren und abschmecken. Das Fleisch in dicke Scheiben aufschneiden und separat zur Sauce servieren.
**Zubereitungszeit: 3 1/2 Stunden**

# Gegrillte Schweinshaxe

## Essen auf gut bayerisch

**1** Die Schweinshaxen unter fließendem kaltem Wasser waschen und mit Küchenpapier trockentupfen. Mit einem Messer kreuzweise einschneiden. Rundherum mit Salz, Pfeffer, Paprikapulver, Kümmel und Wacholderbeeren würzen. Mit flüssiger Butter bepinseln und zum Durchziehen für mindestens 1 Stunde in den Kühlschrank stellen.

| Für 4 Portionen |
|---|
| 2 küchenfertige Schweinshaxen (Schweinedickbein) à 800 g |
| Salz, schwarzer Pfeffer |
| edelsüßes Paprikapulver |
| 1 EL Kümmel |
| 4 zerstoßene Wacholderbeeren |
| 2 EL flüssige Butter |
| 1 Möhre |
| 1 Zwiebel |
| 2 Knoblauchzehen |
| einige Petersilienstängel |
| 1/4 l dunkles Bier |

**2** Den Backofen auf 220 °C (Umluft 200 °C) vorheizen. Die Möhre waschen aber nicht schälen und kleiner schneiden. Die Zwiebel und die Knoblauchzehen ungeschält grob stückeln. Die Petersilienstängel waschen und kleiner zupfen. Alle vorbereiteten Zutaten mit dem Bier in einem Bräter auf dem Herd aufkochen. Den Bräter auf die unterste Schiene in den vorgeheizten Backofen stellen.

**3** Die Schweinshaxen auf einen Grillrost über den Bräter legen, damit einerseits der Bratensaft in den Bräter tropfen kann und andererseits, damit die Haxen eine knusprige Haut bekommen. Während der Garzeit von etwa 1 1/2 Stunden die Schweinshaxen öfter wenden und dabei mit Biersud aus dem Bräter bepinseln und leicht begießen.

**4** Sollten die Haxen zu schnell bräunen, am besten kurzzeitig mit Alufolie bedecken. Die fertigen Haxen im abgeschalteten Backofen bei offener Ofentür etwa 15 Minuten ruhen lassen.

**5** Inzwischen den Bräter auf den Herd stellen und den Bratensaft einige Minuten offen kochen lassen. Durch ein Sieb passieren und getrennt zu den Haxen servieren.

**Zubereitungszeit: 1 3/4 Stunden + Marinierzeit: 1 Stunde**

### Profitipp:

*Sie können die Schweinshaxen natürlich auch im Bräter braten, sollten aber darauf achten, dass die Schwarte nicht durch zuviel Flüssigkeit zu „lasch“ wird. Für eine schöne Kruste eignen sich auch Salzwasser, zusätzlich flüssige Butter und Honigwasser.*
*Variante: Die Haxen schmecken besonders lecker, wenn die krosse Haut durch Glasieren mit Aprikosenkonfitüre oder Orangenmarmelade erreicht wurde. Der leicht süßliche Geschmack harmoniert auch bestens mit einer Orangensauce, wie etwa bei dem Rezept Ente à la orange (siehe Seite 123). Das aufgeschnittene Fleisch eventuell zusätzlich mit Orangenscheiben oder Orangenfilets anrichten.*

### Beilagenempfehlung:

*Kartoffelklöße (Seite 142), Gurken- und Kartoffelsalat*

### Weinempfehlung:

*Bier und anschließend vielleicht ein Verdauungs-Schnaps*

### Wenn ein Rest bleibt:

*Von Kruste bzw. Schwarte bleibt nie etwas übrig, wenn sie denn richtig kross gebraten war … Man kann auch gebratene Schwarte schlecht erwärmen – besser man isst sie frisch aus dem Ofen. Restliches Fleisch in kleine Stücke schneiden und zu Rahmgemüse, wie Schwarzwurzeln, Wirsing oder Blumenkohl genießen.*

# Schweinebraten auf Florentiner Art

## Toskanische Grüße

**1** Den Backofen auf 180 °C (Umluft 160 °C) vorheizen. Das Schweinefleisch sowie die Knochen unter fließendem kaltem Wasser waschen, mit Küchenpapier trockentupfen. Fleisch und Knochen mit Salz und Pfeffer würzen.

**2** Die Knoblauchzehen abziehen und fein würfeln. Von 2 Rosmarinzweigen die Nadeln abstreifen und sehr fein hacken. Zusammen mit dem Knoblauch, Fenchelsamen, Gewürznelken und 4 Esslöffeln Olivenöl verrühren.

**3** Das Fleisch rundherum an mehreren Stellen mit einem spitzen Messer 1 bis 2 Zentimeter tief einschneiden und jeweils etwas Würzöl in die Einschnitte füllen. Anschließend das ganze Fleischstück mit dem restlichen Würzöl einreiben und mit Küchengarn fest in Form binden.

**Für 6 Portionen**

- 1,5 kg ausgelöster Nacken oder Kotelett vom Schwein, mit Knochen
- Salz, schwarzer Pfeffer
- 2 Knoblauchzehen
- 3 frische Rosmarinzweige
- 1 TL Fenchelsamen
- 1 Prise gemahlene Gewürznelken
- 5 EL Olivenöl
- 1 kg fest kochende Kartoffeln

**Außerdem:**

- Küchengarn

**4** Den Bräter mit 1 Esslöffel Olivenöl beträufeln. Das Fleisch und die Knochen einlegen und den restlichen Rosmarinzweig darauf legen. Den Bräter in den vorgeheizten Backofen schieben. Während der 1 ½ Stunden dauernden Garzeit das Fleisch immer wieder wenden und mit dem austretenden Bratensaft begießen.

**5** Die Kartoffeln waschen, schälen und in gleichgroße Stücke schneiden. Die Kartoffelstücke rund um das Fleisch in den Bräter legen, mit Salz und Pfeffer würzen und etwa 40 Minuten mitgaren lassen.

**6** Nach 1 ½ Stunden die Temperatur auf 200 °C (Umluft 180 °C) erhöhen und den Braten weitere 15 Minuten garen, so dass er eine goldgelbe Bräunung erhält.

**7** Den fertigen Braten aus dem Bräter nehmen, das Küchengarn entfernen, das Fleisch in Alufolie wickeln und 10 Minuten ruhen lassen. Die Kartoffeln auf einer vorgewärmten Servierplatte anrichten. Den Schweinebraten aus der Folie wickeln und in dicke Scheiben schneiden. Den entstandenen Bratensaft in einer Sauciere dazu servieren.

**Zubereitungszeit: 2 Stunden**

*Die Legende besagt, dass anlässlich des Ökumenischen Konzils im Jahre 1439 der byzantinische Patriarch nach Florenz kam und beim Verzehr des überaus köstlichen Bratens, der ihm bei dieser Gelegenheit serviert wurde, ausrief: „Aristos!" Das griechische Wort „aristos" bedeutet: „Das Beste". Seither nennen die Florentiner ihren so gepriesenen Schweinebraten „Arista".*

### Profitipp:

*Sollten Sie kein Küchengarn vorrätig haben, dann klappt dieser tolle Braten auch ohne. Die Knochen können zusätzlich auch mit Würzöl gut vermengt werden – entsprechend die Zutaten für die Mischung erhöhen –, dann wird der Bratensaft noch intensiver. Möglichst auf weitere Flüssigkeitszugabe verzichten, denn der Braten gibt durch die relativ niedrige Ofentemperatur mehr Saft ab.*

### Beilagenempfehlung:

*Graupotto* *(siehe Seite 138)**, Geschmorter Fenchel, Lorbeerkartoffeln* *(Seite 136)**, gemischte gegrillte Gemüse und toskanisches Weißbrot zum Bratensaft tunken.*

### Weinempfehlung:

*Aus der Toskana ein Vino Nobile di Montepulciano*

### Wenn ein Rest bleibt:

*Das Fleisch einfach kalt zu frischem Weißbrot mit ein paar eingelegten getrockneten Tomaten und eingelegten Artischocken verspeisen.*

# Lamm und Ziege

# Bei Lamm und Ziege gibt es nichts zu meckern!

Geschichtlich bietet das Lamm eine wahre Flut von Überlieferungen, Zeugnissen, Anekdoten, Geschichten. In den unterschiedlichsten Konfessionen gehörte das Lamm zur Opfergabe, es stellt zudem ein religiöses Symbol dar: Die Christen bezeichnen Jesus als das „Lamm Gottes", die Juden opfern jährlich das „Passah-Lamm", im Gedenken an ihren Auszug aus Ägypten. Lamm bedeutet auch Reinheit, was in unterschiedlichen Religionen untermauert ist.

Lammfleisch spielt speziell in der Ernährung arabischer Länder eine große Rolle, in denen beispielsweise der Verzehr von Schweinefleisch laut Koran verboten ist. Aber auch in Indien, wo die Kuh als heilig verehrt wird, hat Lammfleisch inzwischen einen höheren Stellenwert.

Das Lamm bot und bietet den Menschen von jeher eine Art Multifunktionalität, denn im Prinzip ist alles verwertbar: Fleisch, Leder, Wolle, Fell und Milch.

Sprechen wir von Lammfleisch, dann ist Fleisch von Jungtieren, die noch keine 12 Monate alt sind, gemeint. Das beste Fleisch liefert das mit Milch aufgezogene *Milchlamm*, das im Alter zwischen drei und vier Monaten schlachtreif ist. Mastlämmer hingegen haben bei der Schlachtung ein Alter zwischen acht und neun Monaten.

Bei Feinschmeckern und auf den Speisenkarten von Spitzenlokalen gibt es äußerst köstliche Unterschiede der offerierten Lämmer. Sehr beliebt ist das *Pré-Salé-Lamm* aus der Bretagne oder Normandie. An den salzdurchspülten Küsten mit ihrem aromatischen Weidegras reift das Fleisch besonders zart. In Norddeutschland gibt es als Pendant dazu die *Deich-* und *Salzwiesenlämmer*. Eine weitere norddeutsche Spezialität ist die *Heidschnucke*, eine kleine Lämmerrasse, die in der Lüneburger Heide beheimatet ist.

Für die Fleischqualität ist Alter, Geschlecht und Aufzucht des Lamms ausschlaggebend. Je jünger das Tier war, desto zarter ist das Fleisch. Nur milchgesäugte Lämmer bis zum Alter von sechs Wochen versetzen Gourmets in Entzücken. Im Durchschnitt sind die angebotenen Lämmer etwa vier Monate alt, wenn sie geschlachtet werden.

Frisches, junges Lammfleisch lässt sich an Fett, Geruch und Farbe leicht erkennen: Die Gelenke der Vorderbeine sind knorpelig, im Gegensatz dazu sind diese bei ausgewachsenen Schafen sichtbar verknöchert. Je jünger das Tier war, desto heller sind Fett und Fleisch, je älter, umso dunkler. Der Fleischgeruch ist bei Jungtieren äußerst angenehm, bei älteren Tieren stechend scharf und unangenehm.

## Ziege – leider viel zu selten

Schafe und Ziegen sind miteinander verwandt, bilden jedoch eigenständige Gattungen. Es mag sein, dass Angebot und Nachfrage von Ziegenfleisch nicht so groß sind, weil die eher anspruchslosen Tiere bei uns nicht so häufig angesiedelt sind. Karge oder schroffe Berggegenden sind die Heimat der Ziegen, vor allem im Mittelmeerraum. Vereinzelt findet man sie auch bei uns in Regionen, in denen mehr Interesse an ihrer Milch, als am Fleisch der Tiere besteht.

Ziegenfleisch ist köstlich, weil sich die Tiere in freier (Weide-)Bahn bewegen und alles verzehren, was ihnen auf dem Weg unterkommt.

Vor allem die Jungtiere, die *Zicklein*, stehen auf der Speisenkarte. Ältere Ziegen haben, ebenso wie Schafe, ein zäheres, dunkleres Fleisch und nicht so angenehme Ausdünstung, man spricht daher oft von „altem Bockgeruch".

Beim Einkauf von Ziegenfleisch ein höheres Rohgewicht einrechnen, denn 100 g Fleisch besteht zu fast 70 Prozent aus Wasser.

Grundsätzlich ist Lammfleisch empfehlenswert, denn die Tiere werden nach wie vor artgerecht gehalten. Besonders in der Diätküche oder für Allergiker wird gern Lammfleisch empfohlen.

### Zum Braten empfohlen:

Keule, Rücken, Kotelettes und Filets sind die beliebtesten Stücke vom Lamm.

### Zum Schmoren geeignet:

Weniger zarte Stücke stammen von Hals, Kamm und Schulter, die meist für Gulasch, Eintöpfe und Currygerichte verwendet werden.

Fleischstücke von Brust und Bauch sind sehr fett und oft zäh, daher eher für Eintöpfe geeignet.

### Zum Braten/Schmoren geeignet:

Die beliebtesten Stücke sind Schulter und Keule – oder ein Zicklein am Stück, oftmals für den großen Braten auf dem Grill.

Informationen zu Qualitätsmerkmalen, den richtigen Brattemperaturen und Würzempfehlungen finden Sie auf Seite 9.

# Zicklein auf Melissenbett

## Duftend wie im Kräutergarten

**Profitipp:**
*Gutes Essen bedeutet gute Zutaten, gute Qualität und Frische. Bestellen Sie deshalb das Fleisch bei Ihrem Metzger vor. Er wird Sie gerne und gut beraten.*

**Beilagenempfehlung:**
*Kartoffelnudeln oder Kartoffelplätzchen, gratinierte Kartoffeln (siehe Seite 136) oder auch Gemüserisotto*

**Weinempfehlung:**
*Sauvignon aus Kalifornien*

**Wenn ein Rest bleibt:**
*Das Fleisch in kleine Würfel schneiden und unter einen bunt gemischten Gemüsewok mischen.*
*Oder einfach das Fleisch in Scheiben schneiden und mit Knoblauchsauce auf Baguette genießen.*

**Für 4 Portionen**

- 2 Zickleinschultern à 500 bis 600 g
- Salz, schwarzer Pfeffer
- 1/2 Bund Zitronenmelisse
- 1/2 Bund Minze
- 2 Knoblauchzehen
- 5 EL Olivenöl
- 1 Bund Frühlingszwiebeln
- 1 Bund Frühlingsmöhrchen
- 1/2 l Lammfond (Glas)
- 1 EL Speisestärke

**1** Die Zickleinschultern unter fließendem kaltem Wasser waschen und mit Küchenpapier trockentupfen. Salzen und pfeffern. Zitronenmelisse und Minze waschen und trockenschwenken.

**2** Die Knoblauchzehen abziehen und durch eine Knoblauchpresse drücken. Zusammen mit 2 Esslöffeln Olivenöl verrühren und das Fleisch damit rundherum bepinseln. Die Frühlingszwiebeln putzen und in Viertel schneiden. Die Möhrchen putzen und noch etwas Grün am Ansatz lassen.

**3** Den Backofen auf 200 °C (Umluft 180 °C) vorheizen und ein Backblech mit den Kräutern auslegen.

**4** Das restliche Olivenöl in einem Bräter erhitzen und darin die Zickleinschultern von allen Seiten anbraten. Die Frühlingszwiebeln und Möhrchen einstreuen und einige Minuten mitbraten. Fleisch und Gemüse aus dem Bräter nehmen und auf das Kräuterbett legen. Seitlich am Rand 100 Milliliter Lammfond darüber träufeln. Das Backblech in den vorgeheizten Backofen schieben und das Fleisch in knapp 1 Stunde garen.

**5** Fleisch und Gemüse während der Bratzeit mehrmals mit Lammfond begießen und die Temperatur nach etwa 30 Minuten auf 180 °C (Umluft 160 °C) reduzieren.

**6** Sobald die Zickleinschultern fertig sind, das Backblech aus dem Ofen nehmen. Das Fleisch in Alufolie wickeln und für 20 Minuten im ausgeschalteten Ofen ruhen lassen.

**7** Den Bratenfond vom Backblech mit dem restlichen Lammfond aufgießen und durch ein Sieb in einen Topf passieren. Dabei aber die Möhrchen und Frühlingszwiebeln für die Garnitur beiseite legen. Die Sauce kurz aufkochen lassen. Die Speisestärke mit 4 Esslöffeln Wasser glatt rühren und die Sauce damit binden.

**8** Das Fleisch aus der Folie wickeln, den entstandenen Bratensaft in die Sauce gießen und diese abschmecken. Das Fleisch von den Knochen lösen und in Scheiben schneiden. Mit Gemüse garnieren und die Sauce separat dazu reichen.

**Zubereitungszeit: 1 1/2 Stunden**

# Lammrücken mit Aprikosen

## Orientalische Würzung wie aus 1001 Nacht ...

**Profitipp:**
*Überraschen Sie Ihre Gäste mit Rosenwasser! Dieses erhalten Sie in Asienläden oder Apotheken. Entweder die Sauce vor dem Servieren mit 1 Teelöffel Rosenwasser parfümieren oder die angerichteten Teller mit ein paar Spritzern beträufeln. Als Garnitur frische Rosenblüten an die Tellerränder legen.*

**Beilagenempfehlung:**
*Gemüsereis, Pilaw mit Zitrone, geschmorte Gemüse, Okraschoten*

**Weinempfehlung:**
*Rotwein von der Rhone, Hermitage*

**Wenn ein Rest bleibt:**
*Kaltes Lammfleisch in hauchdünne Scheiben schneiden und auf einem Teller breitflächig auslegen. Darüber frisch gekochte, leicht abgekühlte Keniaböhnchen streuen. Zum Schluss alles mit Olivenöl und Aceto balsamico beträufeln.*
*Oder Sie bleiben in der arabischen Richtung: Die kalten Fleischscheiben mit einer Sauce aus Olivenöl, Zitronensaft und gehackter Petersilie sowie Minze marinieren. Dazu schmeckt ofenfrisches Fladenbrot.*

**Für 4 Portionen**

- 100 g getrocknete Aprikosen
- 800 g Lammrücken ohne Knochen
- 2 Knoblauchzehen
- 4 EL Olivenöl
- 1/4 TL zerstoßene Nelken
- 1 TL gemahlener Koriander
- 1/4 TL gemahlener Zimt
- 1/4 TL gemahlener Ingwer
- 1 frischer Thymianzweig
- 2 Frühlingszwiebeln
- 100 g Rosinen
- 100 ml Orangensaft
- Salz, schwarzer Pfeffer
- 1 EL Butter
- 1/4 l Lammsauce (siehe Grundrezept Seite 148)

**1** Die Aprikosen mit lauwarmem Wasser übergießen und etwa 3 Stunden quellen lassen.

**2** Den Lammrücken von eventuell vorhandenen Sehnen und Häuten befreien, unter fließendem kaltem Wasser abwaschen und mit Küchenpapier trockentupfen.

**3** Die Knoblauchzehen abziehen und durch eine Knoblauchpresse drücken. Mit 2 Esslöffeln Olivenöl, Nelken, Koriander, Zimt und Ingwer verrühren. Das Lammfleisch damit bestreichen und alles in das Fleisch einmassieren. Den gewürzten Lammrücken für 1 Stunde in den Kühlschrank stellen.

**4** Den Backofen auf 200 °C (Umluft 180 °C) vorheizen. Thymianzweig waschen und trockenschwenken. Restliches Öl in einem Bräter erhitzen und darin den Lammrücken rundherum anbraten. Den Thymianzweig einlegen und den Bräter in den Backofen schieben. Das Fleisch während der Garzeit von etwa 35 Minuten ein- bis zweimal wenden.

**5** In der Zwischenzeit die Frühlingszwiebeln putzen und fein würfeln. Die Rosinen mit dem Orangensaft begießen.

**6** Sobald der Lammrücken gar ist, den Bräter auf den Herd stellen. Den Lammrücken aus dem Bräter nehmen, salzen, pfeffern, in Alufolie wickeln und in den ausgeschalteten Backofen legen.

**7** Die Butter in dem Bräter schmelzen. Die Frühlingszwiebeln darin andünsten und alles mit Lammfond aufgießen. Einige Minuten offen kochen lassen. Die Aprikosen in Streifen schneiden und mit etwas Einweichwasser sowie den Orangen-Rosinen in die Sauce rühren. Mit Salz und Pfeffer würzen und noch einige Minuten ziehen lassen.

**8** Das Lammfleisch aus der Alufolie wickeln und in Scheiben schneiden, den entstandenen Bratensaft in die Sauce rühren. Die Bratenscheiben auf Tellern anrichten und mit Sauce überziehen.

**Zubereitungszeit: 1 Stunde + Marinierzeit: 3 Stunden**

# Lammtopf aus Avignon

## Südfranzösische Köstlichkeit

**Für 6 Portionen**

1,5 kg Lammfleisch ohne Knochen (Schulter und Keule)
Salz
8 dünne Scheiben Räucherspeck
1 kg Zwiebeln
½ l Fleischbrühe

**Für die Beize:**

1 Bund Petersilie
4 Thymianzweige
4 Lorbeerblätter
10 weiße Pfefferkörner
Schale von ½ unbehandelten Orange
5 Knoblauchzehen
1 Zwiebel
1 Möhre
1 l trockener Rotwein (französischer)
5 EL Olivenöl

**Außerdem:**

8 Hölzchen (Zahnstocher)

**1** Das Lammfleisch unter fließendem kaltem Wasser waschen und mit Küchenpapier trockentupfen. Anschließend in etwa 8 Portionsstücke schneiden und diese rundherum salzen. Jedes Fleischstück mit einer Speckscheibe umwickeln und diese nach Bedarf mit einem Hölzchen feststecken.

**2** Für die Beize die Petersilie und den Thymian waschen, trockenschwenken, grobe Stiele entfernen und alles sehr fein hacken. Die Lorbeerblätter und die Pfefferkörner in einem Mörser zerreiben. Orangenschale in Streifen schneiden. Die Knoblauchzehen und die Zwiebel abziehen, die Möhre schälen und alle drei Zutaten fein würfeln.

**3** Die Lammstücke in eine Schüssel oder in ein breites Gefäß legen und mit den vorbereiteten Zutaten vermengen. Mit Rotwein und Olivenöl begießen; es muss alles bedeckt sein. Das Gefäß mit Folie abdecken und die Lammstücke im Kühlschrank 10 bis 12 Stunden beizen lassen.

**4** Den Backofen auf 180 °C (Umluft 160 °C) vorheizen. Die Zwiebeln abziehen und in dünne Streifen schneiden. Die Lammstücke aus der Beize nehmen, mit Küchenpapier abtupfen und nebeneinander in einen Bräter geben. Alles mit Zwiebelstreifen bedecken und mit durchpassierter Beize sowie mit Fleischbrühe begießen.

**5** Den Bräter mit einem Deckel verschließen und in den vorgeheizten Backofen schieben. Während der Garzeit von 2 ½ Stunden den Deckel nicht lüften. Den Lammtopf im Bräter servieren.

**Zubereitungszeit: 3 Stunden + Marinierzeit: 12 Stunden**

### Profitipp:

*Dieser kulinarische Gruß aus Südfrankreich gelingt auch im Römertopf, dem Schnellkochtopf oder – ganz langsam schmurgelnd – im Kochtopf auf dem Herd.*
*Bei meinem Rezept könnten Sie alternativ auch die fertig gegarten Lammstücke aus dem Bräter nehmen, die Speckscheiben entfernen und das Fleisch eingewickelt in Alufolie kurz ruhen lassen. Inzwischen die Sauce durch ein Sieb passieren und mit Sahne oder Crème fraîche verfeinern.*

### Beilagenempfehlung:

*Gratinierte Kartoffeln (Seite 136) und Bohnen, gratinierte Tomaten und geschmorter Fenchel, Radicchio-Salat und Baguette zum Auftunken der Sauce*

### Weinempfehlung:

*Merlot aus Roussillon*

### Wenn ein Rest bleibt:

*Das restliche Fleisch in feine Streifen schneiden und in einem „Thai-Rice“ verarbeiten: Dazu im Wok 1 Chilischote, 2 Frühlingszwiebeln, 2 Knoblauchzehen sowie ½ Stange Lauch gewürfelt in etwas Pflanzenöl andünsten. Gekochten Reis hinzufügen, Lammfleischstreifen unterheben. Alles salzen, pfeffern und mit frisch gehacktem Koriandergrün würzen.*

# Gefüllte Lammkeule mit Bohnen

## Feurige Genüsse aus Argentinien

**Profitipp:**

*Lassen Sie sich diesen herrlich würzig-scharfen Geschmack nicht entgehen – die Bohnen wirken milde und sättigend, die Petersilie harmoniert fantastisch dazu. Sollten Sie keine Chorizo-Wurst bekommen, so können Sie scharf gewürzte Dauerwürstchen verwenden. Anstelle der Sahne können Sie Kräuter-Crème-fraîche und statt Petersilie frisches Koriandergrün nehmen.*

**Beilagenempfehlung:**

*Pellkartoffeln mit einer argentinischen Sauce namens „Chimichurri“: Dazu je 1 Bund gehackte Petersilie und Basilikum sowie 1 Esslöffel frisches gehacktes Oregano, 2 durchgepresste Knoblauchzehen, kräftig Salz und nach Geschmack Chilipulver sowie je 100 Milliliter Olivenöl und Weinessig verrühren.*

**Weinempfehlung:**

*Argentinischen Rotwein, Malbec*

**Wenn ein Rest bleibt:**

*Die kalten Lammstücke in mundgerechte Bissen schneiden und auf ein Backblech legen. 4 Esslöffel Tomatenketchup, 2 Esslöffel Honig und 1 Esslöffel Olivenöl miteinander verrühren und die Fleischstücke damit üppig bestreichen. Im vorgeheizten Backofen 10 bis 15 Minuten grillen. Dazu passen in Knoblauchbutter geschwenkte Bohnen und Potatoewedges.*

**Für 6 Portionen**

- 1 entbeinte Lammkeule von etwa 1,5 kg
- Salz, schwarzer Pfeffer
- 1 große Zwiebel
- 4 Knoblauchzehen
- 2 Scheiben Weißbrot vom Vortag
- 200 g Sahne
- 150 g Kidneybohnen (Dose)
- 1 Bund Petersilie
- 100 g Chorizo (scharfe, spanische Dauerwurst)
- 1 Ei (Größe M)
- 1/2 TL gemahlener Kreuzkümmel
- 1/4 TL geriebene Muskatnuss
- 4 EL Pflanzenöl
- 1/4 l trockener Weißwein
- 1/4 l Fleischbrühe

**Außerdem:**

- Küchengarn

**1** Die Lammkeule unter fließendem kaltem Wasser waschen und mit Küchenpapier trockentupfen. Mit Salz und Pfeffer kräftig würzen. Die Zwiebel sowie die Knoblauchzehen abziehen, fein würfeln. Das Weißbrot würfeln und mit der Hälfte der Sahne übergießen.

**2** Die Kidneybohnen abtropfen lassen. Die Petersilie waschen, trockenschwenken, die Blättchen von den Stängeln zupfen und fein hacken. Die Chorizo-Wurst pellen und fein würfeln. Alle vorbereiteten Zutaten mit dem Ei vermischen und mit Salz, Pfeffer, Kreuzkümmel sowie Muskatnuss würzen.

**3** Den Backofen auf 200 °C (Umluft 180 °C) vorheizen. Die Lammkeule mit der pikanten Mischung füllen und mit Küchengarn zunähen. Das Pflanzenöl in einem Bräter erhitzen und die Lammkeule darin von allen Seiten anbraten. Den Bräter mit Alufolie abdecken und in den vorgeheizten Backofen schieben. Während der Garzeit von insgesamt etwa 1 3/4 Stunden die Lammkeule öfter mit Weißwein sowie mit Fleischbrühe beträufeln. Die Alufolie nach der Hälfte der Bratzeit entfernen.

**4** Sobald die Lammkeule fertig ist, den Bräter auf den Herd stellen. Die Lammkeule aus dem Bräter nehmen, in Alufolie wickeln und in den ausgeschalteten Backofen legen.

**5** Den Bratensatz im Bräter mit restlichem Weißwein und der restlichen Fleischbrühe loskochen. Die Sauce durch ein Sieb passieren und mit dem Rest Sahne verfeinern. Das Fleisch aufschneiden, den entstandenen Bratensaft in die Sauce rühren und die Fleischscheiben mit der Sauce servieren.

**Zubereitungszeit: 2 1/4 Stunden**

# Lamm mit Gorgonzola und Walnüssen

## Italienisch inspiriert und unglaublich lecker

**Profitipp:**

*Für die Gorgonzolasauce gibt es mehrere Varianten: So z. B. anstelle des Weißweins Rotwein, statt der Frühlingszwiebeln Knoblauch und Zwiebeln, und statt allein Rosmarin eine Mischung aus Thymian, Rosmarin sowie Basilikum. Die Keule braucht auch nicht mit der Gorgonzolacreme überbacken zu werden. Man kann den Gorgonzola und die Crème fraîche einfach im Bräter mitschmoren.*

**Beilagenempfehlung:**

*Gemischte Gemüse vom Grill nach Art italienischer „Antipasti" oder frischer Blattspinat, geschmorter Fenchel, grüne Bohnen mit Parmaschinken, Rosenkohlblättchen gedünstet mit Coppa di Parma und Kartoffeln in beliebiger Version.*

**Weinempfehlung:**

*Gavi di Gavi oder ein leichter Rosso di Montalcino*

**Wenn ein Rest bleibt:**

*Käsefreunde können das Fleisch in mundgerechte Häppchen schneiden und mit gekochten Kartoffelstückchen und frischen Birnenspalten (etwa Williams) in eine Auflaufform schichten. Gorgonzola mit Sahne verrühren und darüber geben. Ab in den Ofen und bei 200 °C (Umluft 180 °C) etwa 25 Minuten überbacken. Oder das kalte Lammfleisch in schmale Streifen geschnitten über einen gemischten Salat streuen. Mit vielen frischen Kräutern und Parmesan garnieren.*

**Für 4 Portionen**

- 1,5 kg küchenfertige Lammkeule mit Knochen
- Salz, schwarzer Pfeffer
- 1 Knoblauchzehe
- 3 EL Olivenöl
- 1 frischer Rosmarinzweig
- 1 Bund Frühlingszwiebeln
- 1/4 l trockener Weißwein
- 2 Lorbeerblätter
- 1 Scheibe entrindetes Weißbrot
- 5 Stück Wacholderbeeren
- 200 g Gorgonzola
- 200 g Crème fraîche
- 1 TL mittelscharfer Senf
- 100 ml Moscato (italienischer Süßwein)
- 100 g grob gehackte Walnüsse

**1** Den Backofen auf 200 °C (Umluft 180 °C) vorheizen. Das Fleisch unter fließendem kaltem Wasser waschen, mit Küchenpapier trockentupfen, ganz leicht mit Salz und Pfeffer würzen. Knoblauchzehe abziehen, durch eine Knoblauchpresse drücken und mit 1 Esslöffel Olivenöl verrühren. Die Lammkeule damit rundherum einstreichen.

**2** Den Rosmarin waschen und trockenschwenken. Die Frühlingszwiebeln putzen und vierteln. Das restliche Olivenöl in einem Bräter erhitzen und darin die Lammkeule von allen Seiten anbraten. Die Frühlingszwiebeln 2 Minuten mitbraten und seitlich den Weißwein angießen. Den Rosmarin und die Lorbeerblätter einlegen und den Bräter in den vorgeheizten Ofen schieben. Die Lammkeule insgesamt 2 Stunden garen, während dieser Zeit zwei- bis dreimal wenden.

**3** In der Zwischenzeit das Weißbrot fein zerreiben. Die Wacholderbeeren im Mörser grob zerreiben. Den Gorgonzola klein zerkrümeln und die Hälfte davon mit 100 Gramm Crème fraîche, Senf sowie dem geriebenen Brot verrühren. Nach etwa 90 Minuten den Bräter aus dem Backofen nehmen und die Lammkeule auf der obenliegenden Seite mit der Hälfte der Gorgonzolacreme bestreichen.

**4** Den Bräter zurück in den Backofen schieben und die Lammkeule weitere 15 Minuten braten. Dann diesen Vorgang mit der restlichen Gorgonzolacreme auf der gewendeten Lammkeule wiederholen. Wiederum 15 Minuten braten.

**5** Den Bräter aus dem Ofen nehmen, die Lammkeule locker in Alufolie wickeln und in den ausgeschalteten Backofen legen. Den Bratensatz mit Moscato aufgießen, kurz aufkochen lassen und die Sauce durch ein Sieb streichen. Unter Rühren mit dem restlichen Gorgonzola sowie der restlichen Crème fraîche verfeinern.

**6** Die Lammkeule aus dem Backofen nehmen und den entstandenen Bratensaft in die Sauce gießen. Das Fleisch aufschneiden und dabei den Knochen entfernen. Kurz vor dem Servieren die Walnüsse unter die Sauce ziehen und diese separat zum Fleisch servieren.

**Zubereitungszeit: 2 1/2 Stunden**

# Geschmorte Lammbrust in Süßholz und Brinjal

## Für feinschmeckende Süßholzraspler

**1** Die Lammbrust unter fließendem kaltem Wasser waschen und mit Küchenpapier trockentupfen. Die Kräuter und das Gemüse waschen. Die Möhre und den Knollensellerie schälen, die Schalotten abziehen und alles fein würfeln. Die Kräuter von den Zweigen zupfen und fein hacken. Die Lorbeerblätter zerbröseln. Die Thai-Auberginen (Brinjal) etwas hacken.

**2** Den Backofen auf 200 °C (Umluft 180 °C) vorheizen. Das Süßholz-Konzentrat, Mandelmark, Brinjal, Gemüse und Kräuter miteinander vermischen und das Fleisch damit einreiben. Anschließend abgedeckt im Kühlschrank 20 Minuten durchziehen lassen.

**3** Das Pflanzenöl in einem Bräter erhitzen. Die Würzmischung vom Fleisch abstreifen, das Lammfleisch rundherum salzen, pfeffern und im Pflanzenöl anbraten. Tomatenmark und Würzmischung zufügen und etwas durchrösten. Mit Rotwein und Madeira ablöschen. Alles einige Minuten einkochen lassen und anschließend in den Backofen schieben. Das Fleisch während der Garzeit von etwa 1 Stunde einige Male wenden, dabei nach und nach mit etwa 100 Milliliter Wasser begießen.

**4** Sobald das Fleisch gar ist, den Bräter auf den Herd stellen. Das Fleisch in Alufolie wickeln und für 10 bis 15 Minuten in den ausgeschalteten Backofen legen.

**5** Den Bratensatz im Bräter mit 50 bis 100 Milliliter Wasser loskochen. Die Sauce durch ein Sieb passieren, erneut erhitzen und nach Bedarf abschmecken. Das Fleisch aus der Alufolie wickeln, den entstandenen Bratensaft in die Sauce rühren, und den Braten in Portionsstücke schneiden. Mit einem Mixstab die kalten Butterstückchen unter die Sauce mixen und sofort servieren.

**Zubereitungszeit: 1 ½ Stunden + Marinierzeit: 20 Minuten**

**Für 4 Portionen**

- 800 g Lammbrust ohne Knochen
- 1 Rosmarinzweig
- 1 Thymianzweig
- 1 große Möhre
- 100 g Knollensellerie
- 6 Schalotten
- 3 Lorbeerblätter
- 3 EL Brinjal Pickles (eingelegte Thai-Auberginen)
- 5 EL Süßholz-Konzentrat
- 1 EL Mandelmark
- 3 EL Pflanzenöl
- Salz, schwarzer Pfeffer
- 1 EL Tomatenmark
- ¼ l Rotwein
- 100 ml Madeira
- 100 g kalte Butterstückchen

*Holger Zurbrüggen, den die Jury des Wettbewerbs „Berliner Meisterköche" 2002 zum Aufsteiger des Jahres wählte, verriet mir dieses köstliche Rezept. Er ist Küchenchef im Steigenberger Hotel Berlin, erst im Parkrestaurant und seit 2002 im Restaurant Louis.*

### Profitipp:

*Spezialitäten wie Süßholz-Konzentrat, Mandelmark und Thai-Auberginen finden Sie in Feinschmecker-Etagen großer Kaufhäuser sowie in Fachgeschäften.*

### Beilagenempfehlung:

*Kartoffelpüree und Perlzwiebeln*

### Weinempfehlung:

*Ein Vino Nobile di Montepulciano Riserva*

### Wenn ein Rest bleibt:

*Das restliche kalte Lammfleisch in Streifen schneiden, mit der gleichen Menge Salatgurken-Streifen vermischen und mit einer Knoblauch-Essig-Sauce – der berühmten thailändischen „Nam som kratiem" – marinieren. Für die Sauce: Je 3 fein gewürfelte Chilischoten (mit Kernen) und abgezogene Knoblauchzehen mit 4 Esslöffeln weißem Essig und 2 Esslöffeln kaltem Wasser verrühren. Nach Gusto salzen. Dazu frittierte Krabbenchips (Kropoek) reichen.*

# Provenzalische Lammkrone

## Auch optisch ein Highlight

**Profitipp:**
*Klassisch wird die Lammkrone zum Servieren in der Mitte mit in Salbei geschwenkten grünen Bohnen aufgefüllt. Rundherum legt man blanchierte Tomatenachtel und gebratene Kartoffelviertel. Am Tisch wird das Küchengarn von der Lammkrone entfernt und das Fleisch, entlang der Knochen, abgeschnitten.*

**Beilagenempfehlung:**
*Weißbrot mit Knoblauchbutter, gemischtes Buttergemüse, Bratkartoffeln, gratinierte Tomatenhälften*

**Weinempfehlung:**
*Um kulinarisch in Südfrankreich zu bleiben: Rosé oder Rotwein von der Côtes-de-Provence*

**Wenn ein Rest bleibt:**
*Das Lammfleisch in feinste Streifen schneiden und mit blanchierten Rosenkohlblättchen, geschmorten Frühlingszwiebeln und kross gebratenen Speckwürfeln mit einer Vinaigrette vermischen. Dazu Baguette und einen Rotwein aus Frankreich genießen.*

**Für 6 bis 8 Portionen**

- 2 kg Lammrücken (vom Metzger der Länge nach in zwei Teile durchgesägt )
- Salz, schwarzer Pfeffer
- 3 Knoblauchzehen
- 2 EL Olivenöl
- 1 frischer Thymianzweig
- 1/4 l trockener Weißwein (aus der Provence)
- 1/4 l Lammsauce (Grundrezept S. 148)

**Außerdem:**
- Küchengarn

**1** Bei den beiden Lammrückenhälften die Rippenknochen etwas mehr freilegen, dabei die Fettschicht entfernen und die Rippenhaut einschneiden. Beide Lammrückenhälften unter fließendem kaltem Wasser abspülen und mit Küchenpapier trockentupfen. Die Lammrückenhälften zu Halbkreisen biegen und zu einem Kreis zusammensetzen. Die Knochen mit Küchengarn zu einer Krone binden. Rundherum salzen und pfeffern.

**2** Die Knoblauchzehen abziehen und durch eine Knoblauchpresse drücken. Mit Olivenöl verrühren und die Lammkrone damit bestreichen. Den Thymianzweig waschen und trockenschwenken. Den Backofen auf 200 °C (Umluft 180 °C) vorheizen.

**3** Die Lammkrone in einen Bräter stellen und die Knochenkrone mit Alufolie umwickeln. Mit der Hälfte des Weißweins umgießen und den Thymian einlegen. Den Bräter in den Backofen schieben und das Lammfleisch in etwa 1 Stunde braten. Dann die Alufolie entfernen und das Fleisch weitere 15 Minuten braten lassen.

**4** Den Bräter auf den Herd stellen. Die Lammfleischkrone aus dem Bräter nehmen, in Alufolie wickeln und in den ausgeschalteten Backofen legen.

**5** Den Bratensatz im Bräter mit dem restlichen Weißwein und der Lammsauce aufkochen. Die Sauce abschmecken und den Thymianzweig entfernen. Das Fleisch aus der Folie nehmen, den entstandenen Bratensaft in die Sauce rühren und die Lammkrone auf eine Servierplatte stellen. Die Sauce separat servieren.

**Zubereitungszeit: 1 1/2 Stunden**

# Mediterranes Zicklein

## Sehnsucht nach der Provence

**Profitipp:**
*Zu Ziegen- und Lammfleisch gibt es in der Provence eine ganz besondere Spezialität: Den „Cachat". Dazu werden Käsereste, wie hier z. B. Ziegenkäse, in ein Steingutgefäß geschichtet und jede Lage mit Cognac oder Eau de Vie komplett begossen. Bei Zimmertemperatur stehen lassen, bis sich der Käse mit der Flüssigkeit vollständig verbunden hat und alles zu einer homogenen Paste geworden ist. Sie können das Fleisch mit dieser Paste bestreichen und für 5 bis 10 Minuten unter dem Grill gratinieren oder den Cachat einfach so dazu servieren.*

**Beilagenempfehlung:**
*Mit Ziegenkäse gratinierte Tomatenhälften, geröstete Kartoffeln, geschmorter Fenchel, Baguette. Zum Brot ein Püree aus 10 durchgepressten Knoblauchzehen, 50 Gramm Crème fraîche, 2 Esslöffeln Olivenöl, Salz und Pfeffer reichen.*

**Weinempfehlung:**
*Hier passt sowohl ein Rot- als auch ein Weißwein aus der Provence*

**Wenn ein Rest bleibt:**
*Restliches Fleisch sehr fein aufschneiden und breitflächig auf Tellern auslegen. Mit einer Sauce aus 5 gehackten Anchovisfilets, 2 hart gekochten Eigelben, 2 fein gewürfelten Knoblauchzehen, Salz, Pfeffer, Saft von ½ Zitrone und etwa 200 Milliliter Olivenöl beträufeln. Mit frisch gehackter Petersilie garniert zu Baguette servieren.*

**Für 4 Portionen**

- 1 Zickleinschulter à etwa 400 g
- 1 Zickleinkeule à etwa 400 g
- Salz, schwarzer Pfeffer
- 1 Bund Rosmarin
- 5 EL Olivenöl
- 5 Knoblauchzehen
- 5 EL Sherryessig
- 100 ml trockener Weißwein
- 200 g Crème double

**1** Den Backofen auf 220 °C (Umluft 200 °C) vorheizen. Die Fleischstücke unter fließendem kaltem Wasser waschen und mit Küchenpapier trockentupfen. Rundherum mit Salz und Pfeffer einreiben.

**2** Den Rosmarin waschen, trockenschwenken und von etwa ⅔ die Nadeln abstreifen und sehr fein hacken. Einen Bräter mit 1 Esslöffel Olivenöl ausstreichen, die Fleischstücke einlegen und die restlichen Rosmarinzweige auf das Fleisch legen. Den Bräter in den vorgeheizten Backofen schieben.

**3** Das Zickleinfleisch insgesamt etwa 1 Stunde garen. Inzwischen den Knoblauch abziehen und fein hacken. Zusammen mit dem gehackten Rosmarin, dem Sherryessig und dem restlichen Olivenöl verrühren.

**4** Nach ½ Stunde den Bräter aus dem Ofen nehmen und die Fleischstücke rundherum mit der Flüssigkeit beträufeln. Den Bräter zurück in den Ofen schieben und das Fleisch fertig braten.

**5** Sobald das Fleisch fertig gegart ist, den Bräter auf den Herd stellen. Das Fleisch aus dem Bräter nehmen, leicht abstreifen und in Alufolie wickeln. Für 10 bis 15 Minuten in den ausgeschalteten Backofen legen.

**6** Den Bratensatz im Bräter mit Weißwein loskochen. Die Sauce durch ein Sieb passieren und mit Crème double verfeinern. Das Fleisch aus der Folie wickeln, den entstandenen Bratensaft in die Sauce gießen und die Fleischteile in Portionsstücke schneiden. Die Sauce separat dazu reichen.

**Zubereitungszeit: 1 ½ Stunden**

# Knoblauch-Zicklein mit Kartoffeln

## Unkompliziert und köstlich!

| Für 4 Portionen |
|---|
| 1 Zickleinkeule von 1 kg |
| 5 Knoblauchzehen |
| Salz, schwarzer Pfeffer |
| 50 g flüssige Butter |
| 5 EL Olivenöl |
| 1 kg fest kochende Kartoffeln |
| 1 TL getrockneter Oregano |
| Saft von 1 Zitrone |

**1** Den Backofen auf 200 °C (Umluft 180 °C) vorheizen. Die Zickleinkeule unter fließendem kaltem Wasser waschen und mit Küchenpapier trockentupfen. Die Knoblauchzehen abziehen und in Stifte schneiden.

**2** Das Fleisch rundherum mit einem scharfen Messer einritzen und in diese Schlitze die Knoblauchstifte stecken. Anschließend das Fleisch mit Salz und Pfeffer einreiben.

**3** Die Butter mit dem Olivenöl verrühren. Das Fleisch mit der Hälfte dieser Fettmischung bepinseln und beträufeln. Das Fleisch in einen Bräter legen und in den vorgeheizten Backofen schieben. Die Garzeit beträgt insgesamt etwa 1 ½ Stunden.

**4** Die Kartoffeln schälen und in etwa gleichgroße Stücke schneiden. Mit Salz, Pfeffer und Oregano würzen. Den Bräter nach der Hälfte der Garzeit aus dem Ofen nehmen und die Kartoffeln rund um das Fleisch verteilen. Die restliche Butter-Öl-Mischung darüber träufeln.

**5** Das Fleisch mit Zitronensaft beträufeln und den Bräter zurück in den Ofen schieben. Sobald alles fertig ist, das Fleisch aus dem Bräter nehmen, kurz in Folie wickeln und nachziehen lassen. Anschließend in Portionsstücke schneiden und mit dem klaren Bratensaft und den Kartoffeln servieren.

**Zubereitungszeit: 2 Stunden**

### Profitipp:

*Diese Zubereitungsart ist in Mittelmeerländern sehr beliebt, da alles, inklusive der Beilage, zusammen im Ofen gart. Wer noch mehr Sauce möchte, bereitet sie nach griechischer Art zu: aus Naturjoghurt, gepresstem Knoblauch, 1 Schuss Olivenöl und gehackten Oliven.*

### Beilagenempfehlung:

*Geschmorte Gemüse wie Zucchini, Auberginen und Fenchel. Ein bunter Bauernsalat mit Zwiebeln, Oliven, Schafskäse und Fladenbrot.*

### Weinempfehlung:

*Weißer Robola*

### Wenn ein Rest bleibt:

*Kaltes Zickleinfleisch in Scheibchen schneiden und zusammen mit griechischen Vorspeisen, den sogenannten „mesédes“, genießen.*
*Am besten schmeckt dazu eine Knoblauch-Kartoffelpaste, die aus 500 Gramm gekochten und durchgepressten Kartoffeln, 5 Esslöffeln heißer Fleischbrühe, 5 Esslöffeln Olivenöl, 4 gepressten Knoblauchzehen, Saft von 1 Zitrone, Salz und Pfeffer hergestellt wird. Mit frisch gehackten Oliven und Petersilie können Sie die Paste zusätzlich aufpeppen.*

# Artischocken-Zicklein

## So schmeckt's in Griechenland

### Profitipp:

*Die frischen Artischocken geben mit ihrem eigenwilligen, würzigen Geschmack dem mageren Zickleinfleisch eine ganz besondere Geschmacksnote. Sie können anstelle der frischen Artischocken alternativ eingelegte Artischockenherzen aus dem Glas verwenden, aber der typische Geschmack würde fehlen. Da die eingelegten Artischocken schon gekocht sind, diese erst in den letzten 15 Minuten vor Ende der Garzeit beigeben.*

*Statt Fleisch vom Zicklein können Sie für dieses Rezept auch Lammfleisch, Hühnerfleisch, Kalbfleisch oder Schweinefleisch verwenden.*

### Beilagenempfehlung:

*Gegrillte Auberginen, griechische Reisnudeln, geschmorte Kichererbsen und Fladenbrot*

### Weinempfehlung:

*Weißer Malagousia*

### Wenn ein Rest bleibt:

*Das Fleisch kleiner schneiden und wieder zurück in die Sauce und zu den Artischocken geben. Entweder Kräuter-Omelettes backen und die Reste zur Füllung oder zum Nappieren verwenden, oder schichtweise in einem Nudel- oder Kartoffelauflauf verarbeiten.*

**Für 4 Portionen**

- 800 g Zickleinfleisch ohne Knochen
- Salz, schwarzer Pfeffer
- 1 EL Mehl
- 2 Möhren
- 1 Zwiebel
- 2 Knoblauchzehen
- 1 Bund Petersilie
- 8 kleine, frische Artischocken
- Saft von 1 Zitrone
- 4 EL Olivenöl
- 1 EL Butter
- 1/2 l Gemüsebrühe
- 2 Eier (Größe L)

**1** Das Fleisch unter fließendem kaltem Wasser waschen und mit Küchenpapier trockentupfen. In gleich große Portionsstücke schneiden, rundherum mit Salz und Pfeffer würzen und mit Mehl bestäuben. Möhren schälen, Zwiebel und Knoblauchzehen abziehen und alles fein würfeln.

**2** Die Petersilie waschen, trockenschwenken, die Blättchen von den Stängeln zupfen und fein hacken. Die Artischocken waschen und die harten Außenblätter entfernen. Die Artischocken längs halbieren und aus den unteren Teilen das „Heu" entfernen. Die Hälften in eine Schüssel mit kaltem Wasser mit dem Saft von einer halben Zitrone legen, damit sie sich nicht verfärben.

**3** Das Olivenöl in einem breiten Topf erhitzen, Butter hinzufügen und darin die Fleischstücke von allen Seiten anbraten. Die vorbereiteten Gemüsewürfel einstreuen und alles mit Gemüsebrühe begießen. Die Petersilie darüber streuen und die tropfnassen Artischockenhälften auf das Fleisch legen.

**4** Nach dem ersten Aufkochen den Topf mit einem Deckel verschließen und das Gericht bei mittlerer Hitze 45 bis 50 Minuten garen. Anschließend vom Herd ziehen, leicht abkühlen lassen und eventuell nachwürzen.

**5** Die Eier mit dem restlichen Zitronensaft verrühren und unter den Topfinhalt mischen, dabei den Topf ein wenig schwenken, damit alles mit der Zitronensauce überzogen wird. Sofort servieren.

**Zubereitungszeit: 1 1/2 Stunden**

# Lammhaxe mit Kichererbsen

## Gewürzduft aus dem Libanon

**Profitipp:**
*Im Sommer können Sie auch frische, vollreife Tomaten verwenden. Statt der Kichererbsen aus der Dose eignen sich auch getrocknete – die allerdings vor dem Kochen eingeweicht werdem müssen. Empfehlenswert sind aber auch gekochte Kichererbsen mit Tomaten aus der Dose. Die Kichererbsen können Sie auch durch in Tomatensaft eingelegte Okraschoten ersetzen. „Ladyfingers“ sind in arabischen Ländern ein sehr beliebtes Gemüse.*

**Beilagenempfehlung:**
*Gehackte Petersilie mit Zitronensaft und Olivenöl verrühren. Diese simple Sauce schmeckt auf Brot, wird aber in der arabischen Küche auch löffelweise über fertige Braten und Eintöpfe gegeben. Dazu Fladenbrot, gebackene Kartoffeln und Oliven reichen.*

**Weinempfehlung:**
*Rotwein aus dem Libanon wie z.B. Château Musar*

**Wenn ein Rest bleibt:**
*Restliches Fleisch vom Knochen lösen und in Streifen schneiden. Unter einen Salat aus Gurken, Frühlingszwiebeln, Tomaten, Paprikaschoten, Knoblauch und Petersilie mischen. Ein Dressing aus Olivenöl, Zitronensaft, Salz und Pfeffer herstellen. (Altes) Fladenbrot in etwa 1 Zentimeter große Stücke schneiden und in Olivenöl knusprig braten. Über den Salat geben, untermischen und sofort servieren.*

**Für 4 Portionen**

- 1 kg Lammhaxen in Scheiben geschnitten (im Fachgeschäft vorbereiten lassen)
- Salz, schwarzer Pfeffer
- 1 getrocknete Chilischote
- 2 Lorbeerblätter
- 5 EL Olivenöl
- Saft von 1 Zitrone
- 1 TL gemahlener Piment
- 1 EL gemahlener Kreuzkümmel
- 2 große Zwiebeln
- 4 Knoblauchzehen
- 500 g geschälte Tomaten im Saft (Dose)
- 1/2 l Gemüsebrühe
- 750 g gekochte Kichererbsen (Dose)
- 5 Stängel Koriandergrün (oder Petersilie)

**1** Die Lammhaxenscheiben unter fließendem kaltem Wasser waschen und mit Küchenpapier trockentupfen. Runderum mit Salz und Pfeffer einreiben. Den Backofen auf 220 °C (Umluft 200 °C) vorheizen.

**2** Die Chilischote und die Lorbeerblätter zerbröseln. Zusammen mit 3 Esslöffeln Olivenöl, Zitronensaft, Piment und Kreuzkümmel verrühren. Die Zwiebeln und die Knoblauchzehen abziehen und in dünne Streifen schneiden. Die Tomaten kleiner schneiden und wieder zurück in den Saft legen.

**3** Das restliche Olivenöl in einem Bräter erhitzen und darin die Lammhaxen rundherum anbraten. Das Fleisch wieder herausnehmen.

**4** Zwiebeln, Knoblauch und das gewürzte Öl in den Bräter geben und unter Rühren 2 Minuten andünsten. Die Lammhaxen einlegen und mehrmals darin wenden. Die Tomatenstücke mit ihrem Saft sowie die Gemüsebrühe zugeben und alles kurz aufkochen lassen.

**5** Den Bräter mit einem Deckel verschließen, in den vorgeheizten Ofen schieben und das Lammfleisch etwa 1 1/2 Stunden schmoren.

**6** In der Zwischenzeit die Kichererbsen in einem Sieb abtropfen lassen. Das Koriandergrün waschen, trockenschwenken, die Blättchen von den Stängeln abzupfen und fein hacken. Etwa 1/2 Stunde vor Ende der Garzeit des Fleisches die Kichererbsen und das Koriandergrün unter das Fleisch mischen. Das Gericht am besten im Topf servieren.

**Zubereitungszeit: 2 Stunden**

# Lammkeule mit Joghurt

## Türkischer Küchen-Ausflug

**1** Die Lammkeule unter fließendem kaltem Wasser waschen und mit Küchenpapier trockentupfen. Die Knoblauchzehen abziehen und durch eine Knoblauchpresse drücken. Zusammen mit je 1 kräftigen Prise Salz und Pfeffer, Paprikapulver sowie Olivenöl verrühren.

**2** Das gewürzte Öl mit den Händen rundherum in die Keule massieren. Die gewürzte Keule für mindestens 1 Stunde in den Kühlschrank stellen. Den Backofen auf 200 °C (Umluft 180 °C) vorheizen.

**3** Die Minze waschen, trockenschwenken und in einen Bräter legen. Die Lammkeule darauf setzen und mit Zitronensaft beträufeln. Den Bräter in den vorgeheizten Ofen schieben. Während der Bratzeit von insgesamt etwa 1 1/2 Stunden die Lammkeule einige Male wenden und eventuell mit Bratensaft beträufeln.

**4** Den Joghurt mit den Eigelben verrühren und in den letzten 20 Minuten über die Lammkeule geben. Anschließend die fertige Lammkeule aus dem Bräter nehmen und auf ein Schneidebrett legen. Mit Alufolie locker abdecken und knappe 10 Minuten ruhen lassen.

**5** Den Bräter auf den Herd stellen, den Bratensatz mit etwa 200 Milliliter kochend heißem Wasser loskochen und etwas einkochen lassen. Die Sauce durch ein Sieb passieren und in einer Sauciere bereitstellen. Das Fleisch in Tranchen vom Knochen schneiden, auf einer Platte anrichten und servieren.

**Zubereitungszeit: 2 Stunden + Marinierzeit: 1 Stunde**

**Für 4 Portionen**

- 1 Lammkeule von 1 bis 1,2 kg
- 2 Knoblauchzehen
- Salz, schwarzer Pfeffer
- 1/2 TL edelsüßes Paprikapulver
- 2 EL Olivenöl
- 2 Zweige Minze
- Saft von 1/2 Zitrone
- 500 g Naturjoghurt (z. B. aus Ziegenmilch)
- 2 Eigelbe (Größe M)

### Profitipp:

*Noch mehr türkische Würze für die Lammkeule bringt „Cemen", eine Mischung aus Knoblauch, schwarzem Pfeffer, rosenscharfem Paprika und Kreuzkümmel. Dazu eine Prise Kurkuma geben, die dem Joghurt Geschmack und Farbe verleiht. Zum Schluss den Bratensatz mit Raki, dem türkischen Branntwein mit Anisgeschmack, ablöschen.*

### Beilagenempfehlung:

*Gekochter Kopfsalat: 1 gewürfelte Zwiebel in Butter andünsten, Kopfsalatstreifen in einem Ruck hinzufügen, mit „Cemen" würzen und den Topfinhalt mit 200 Gramm Joghurt verrühren. Lauwarm servieren.*
*Salat mit weißen Bohnen und Kartoffelpürre (mit einem Schuss Olivenöl und etwas Knoblauch).*

### Weinempfehlung:

*Wenn Sie ihn in einem türkischen Laden finden: roter Yakut oder Buzbag aus Anatolien. Beaujolais wäre eine gute Alternative.*

### Wenn ein Rest bleibt:

*Das kalte Fleisch sehr fein würfeln und als Füllung für Weinblätter oder, mit gekochtem Reis zusammen, in Paprikaschoten verwenden.*
*Döner: Dazu in ein portioniertes, ofenfrisches Fladenbrot eine Tasche schneiden. Mit Knoblauchsauce bestreichen, mit Streifen von rohem Rotkohl, Zwiebeln, Gurken und Tomatenscheiben belegen. Fleischstreifen darüber streuen und alles mit Knoblauchsauce abschließen.*

# Lammrollbraten im Apfelsud

## Very british!

**Für 6 bis 7 Portionen**

- 1 entbeinte Lammkeule (vom Metzger vorbereiten lassen)
- Salz, schwarzer Pfeffer
- 4 säuerliche Äpfel (etwa 500 g)
- Saft und abgeriebene Schale von 1/2 unbehandelten Zitrone
- 1/4 TL gemahlener Ingwer
- 1 kräftige Prise gemahlene Nelken
- 1 EL Zucker
- 1 TL Knoblauchpulver
- 1 Bund Frühlingszwiebeln
- 400 ml Cidre (Apfelwein, alternativ: Apfelsaft)
- 1 Becher Kräuter-Crème-fraîche (150 g)

**Außerdem:**

- Küchengarn
- 1 Römertopf

**1** Den Römertopf mindestens über Nacht, am besten 24 Stunden wässern.

**2** Die Lammkeule unter fließendem kaltem Wasser waschen und mit Küchenpapier trockentupfen. Das Fleisch auf beiden Seiten mit Salz und Pfeffer einreiben.

**3** Die Äpfel waschen, schälen, entkernen und in dünne Spalten schneiden. Zusammen mit Zitronensaft, Zitronenschale, Ingwer, Nelken, Zucker und Knoblauchpulver vermengen.

**4** Die Äpfel an der Innenseite der Keule verteilen und das Fleisch fest zusammenrollen. Mit Küchengarn fest verschnüren.

**5** Die Frühlingszwiebeln putzen, vierteln und auf dem Boden des gewässerten Römertopfes verteilen. Den Rollbraten mit der Fettschicht nach oben darauf setzen und alles mit Apfelwein umgießen.

**6** Den Römertopf mit dem Deckel verschließen und in den kalten (!) Backofen schieben. Die Temperatur auf 220 °C (Umluft 200 °C) stellen und den Rollbraten etwa 1 1/2 Stunden schmoren lassen.

**7** Den Rollbraten aus dem Topf nehmen, in Alufolie wickeln und etwa 10 Minuten ruhen lassen. Die geschmorten Frühlingszwiebeln auf einer vorgewärmten Servierplatte anrichten.

**8** Die Schmorflüssigkeit aus dem Römertopf durch ein Sieb passieren, kurz aufkochen lassen und mit Kräuter-Crème-fraîche verfeinern. Den Rollbraten aus der Alufolie wickeln und in nicht zu dünne Scheiben schneiden. Den entstandenen Bratensaft in die Sauce rühren. Fleisch und Sauce getrennt servieren.

**Zubereitungszeit: 2 Stunden + Wässerungszeit für den Römertopf: bis zu 1 Tag**

### Profitipp:

*Dieser Rollbraten lässt sich auch gut im Bräter schmoren. Im Römertopf wird er allerdings saftiger und zarter! Sie können zusätzlich noch frische Kräuter wie Thymian, Rosmarin oder auch Lavendel, aber bitte nicht alles zusammen, hinzufügen. Der großartige französische Sternekoch Alain Chapel sagte einmal sinngemäß: „Mit Kräutern der Provence zu würzen heißt nicht, dass sie alle auf einmal verwendet werden sollen. Der volle Geschmack offenbart sich eher einzeln, im Solo-Dasein“.*

### Beilagenempfehlung:

*Rosenkohl, gemischte Buttergemüse wie Möhren, Brokkoli, Zuckerschoten und Kartoffelbrei oder gratinierte Kartoffeln (Seite 136)*

### Weinempfehlung:

*Cidre oder Englisches Bier*

### Wenn ein Rest bleibt:

*Fleischreste klein schneiden und mit Apfelgelee, Preiselbeeren oder Sahne-Meerrettich auf einem kräftigem Brot, wie etwa Walnuss- oder Kürbiskernbrot, genießen.*
*Dazu: Tomatenscheiben, Salat oder gegrillte Zucchinischeiben, mit dazwischen gelegten frischen Minzeblättchen.*

# Gegrillte Lammkeule

## Griechische Ostergrüße

*In Griechenland wird traditionell am Ostersamstag, zum Ende der Fastenzeit, ein Lamm geschlachtet. Das Fleisch wird zum Grillen für den Ostersonntag vorbereitet. Die Innereien müssen sehr schnell verarbeitet werden, und so wird am Abend des Ostersamstages die Ostersuppe, die Majirítsa, daraus gekocht. Sobald die Familie nach Mitternacht mit der brennenden Osterkerze von der Auferstehungsfeier nach Hause kommt, wird die dampfend heiße Suppe mit Brot und rot gefärbten Ostereiern serviert.*
*Am Ostersonntag wird zum Grillen des geschlachteten Lamms eine Grube ausgehoben, in der Feuer gemacht wird. Das gewürzte Lamm wird auf einen Spieß gesteckt und ab dem Vormittag unter ständigem Drehen für das Festmahl gegrillt.*

### Profitipp:

*Grundsätzlich gilt: 15 Minuten Grillzeit für je 500 Gramm Fleisch, dann ist es innen noch saftig und rosa. Je länger das Fleisch nach dem Grillen oder Braten nachzieht, umso mehr wird es innen durch sein.*

### Beilagenempfehlung:

*Grüne Bohnen, Backkartoffeln aus der Grube (Backofen) und Fladenbrot*

### Weinempfehlung:

*Ein roter Xynomavro aus Nordgriechenland*

**Für 8 Portionen**

- 1 Lammkeule von etwa 2 kg
- 5 Knoblauchzehen
- 50 g gemischte, getrocknete Kräuter (Oregano, Petersilie, Rosmarin, Thymian)
- 100 ml Olivenöl
- Saft von 1/2 Zitrone
- Salz, schwarzer Pfeffer
- 4 Fleischtomaten
- 4 cl Ouzo (griechischer Branntwein mit Anis-Aroma)

**1** Die Keule unter fließendem kaltem Wasser waschen und mit Küchenpapier trockentupfen. Die Knoblauchzehen abziehen und durch eine Knoblauchpresse drücken. Zusammen mit den Kräutern, 50 Milliliter Olivenöl sowie dem Zitronensaft verrühren.

**2** Das gewürzte Öl rundherum in die Lammkeule einmassieren. Das Fleisch mit Folie abdecken und für mindestens 1 Stunde in den Kühlschrank (oder in einen kalten Raum) stellen.

**3** Den Backofen auf 220 °C (Umluft 200 °C) mit Grillstufe vorheizen. Ein Backblech mit Olivenöl bestreichen und die Lammkeule darauf legen. Die Fleischtomaten halbieren, rund um die Keule legen und mit dem restlichen Olivenöl beträufeln.

**4** Das Backblech auf die unterste Schiene in den Backofen schieben. Die Lammkeule knapp 1 Stunde garen und zwischendurch mehrmals wenden.

**5** Die fertig gegarte Keule in Alufolie wickeln und neben dem Backofen 20 bis 30 Minuten ziehen lassen. Das Backblech mit Ouzo sowie mit etwa 100 Milliliter Wasser begießen und den Bratensatz losschaben. Die entstandene Sauce durch ein Sieb in einen Topf gießen und kurz aufkochen lassen.

**6** Die Lammkeule aus der Alufolie nehmen, den entstandenen Bratensaft zur Sauce gießen, und das Fleisch vom Knochen weg in Scheiben schneiden. Fleisch und Sauce separat servieren.

**Zubereitungszeit: 1 1/2 Stunden + Kühlzeit: 1 Stunde**

# Zimtreis mit Lammbraten

## Verführerisches Aroma

**1** Das Lammfleisch unter fließendem kaltem Wasser waschen und mit Küchenpapier trockentupfen. Mit Salz und Pfeffer würzen. Den Backofen auf 220 °C (Umluft 200 °C) vorheizen.

**2** Zwiebeln und Knoblauch abziehen und fein würfeln. Die Tomaten mit heißem Wasser überbrühen, häuten, entkernen und in Streifen schneiden.

**3** Die Paprikaschoten waschen, entkernen und in etwa 1 Zentimeter große Würfel schneiden. Die Chilischote säubern und grob zerbröseln. Das Lammfleisch auf ein Backgitter legen, auf die mittlere Schiene des vorgeheizten Backofens schieben und darunter Alufolie legen.

**4** In der Zwischenzeit in einem Bräter 3 Esslöffel Olivenöl erhitzen und darin unter Rühren Chilischote, Zwiebel- und Knoblauchwürfel andünsten. Den Reis einstreuen, 1 Minute mitbraten und alles mit Zimt, Kurkuma, Salz und Pfeffer würzen. Die Tomaten- und Paprikastreifen untermischen, die Brühe angießen.

**5** Den Bräterinhalt einmal aufkochen lassen und anschließend den Bräter auf die unterste Schiene, unter das Lammfleisch, in den Ofen schieben. Die Alufolie entfernen, das Fleisch wenden und breitflächig mit Speckscheiben belegen. Lammbraten und Reisgericht in etwa 45 Minuten fertig garen. Inzwischen die Petersilie waschen und die Blätter fein hacken.

**6** Den Bräter aus dem Ofen nehmen, den Inhalt gut durchmischen, alles mit Petersilie vermengen und bis zum Servieren mit Alufolie abdecken. Das Lammfleisch in Alufolie wickeln und etwa 10 Minuten ruhen lassen.

**7** Das Fleisch aus der Folie wickeln, den entstandenen Bratensaft unter den Reis mischen und das Fleisch in Scheiben schneiden. Die Lammscheiben am besten auf das Reisgericht legen und im Bräter servieren.

**Zubereitungszeit: 1 1/4 Stunden**

**Für 4 bis 5 Portionen**

- 1 kg entbeintes Lammfleisch (alternativ: Ziegenfleisch)
- Salz, schwarzer Pfeffer
- 2 große Zwiebeln
- 2 Knoblauchzehen
- 500 g Tomaten
- je 1 rote und grüne Paprikaschote
- 1 getrocknete Chilischote
- 5 EL Olivenöl
- 400 g Langkornreis
- 1 TL gemahlener Zimt
- 1 kräftige Prise gemahlene Kurkuma
- 1 l Fleisch- oder Gemüsebrühe
- 4 hauchdünn geschnittene Räucherspeckscheiben
- 1/2 Bund Petersilie

### Profitipp:

*Das ist natürlich eine wunderbare Sache: Das Fleisch wird fein gebraten und der Bratensaft tropft direkt in das Reisgericht.*

*Der Reis lässt sich beliebig variieren: Etwa 150 Gramm Rosinen, eingeweicht in 50 Milliliter Orangensaft, zum Schluss untermischen.*

*Oder: 150 Gramm gebräunte Mandelblättchen unter den Reistopf mischen, mit 1/2 Teelöffel gemahlenem Kreuzkümmel noch zusätzlich würzen und mit frischen Feigenhälften als Garnitur servieren.*

### Beilagenempfehlung:

*Frische, gemischte Blattsalate, Fladenbrot und frische Früchte (Sharonfrüchte, Weintrauben, Datteln, gebratene Bananenstücke)*

### Weinempfehlung:

*Halbtrockener Riesling aus Rheinhessen oder eine liebliche Auslese*

### Wenn ein Rest bleibt:

*Der Reis schmeckt auch kalt gut. Sie können ihn mit Weintrauben, Champignons, Tomaten-, Zucchini- und Gurkenstückchen zu einem Reissalat verwandeln.*

*Oder Sie bereiten daraus mit 1 Ei und entsprechend viel Paniermehl einen kompakten Teig. Mit angefeuchteten Händen Plätzchen formen und diese in reichlich Butter braten. Dazu Feigensenf oder süße Gelees servieren.*

*Das Lammfleisch kann, in schmale Streifen geschnitten, als Belag für ein Sandwich verwendet werden.*

# Gratinierter Lammsattel

## Lammfromme Träume

**1** Den Lammrücken von eventuell vorhandenen Häuten und Sehnen befreien, unter fließendem kaltem Wasser waschen und mit Küchenpapier trockentupfen. Rundherum mit Salz und Pfeffer einreiben.

**2** Den Backofen auf 220 °C (Umluft 200 °C) vorheizen. Rosmarin mit Olivenöl verrühren und in das Lammfleisch massieren. Die Pinienkerne in einer heißen, ungefetteten Pfanne unter Schwenken rösten, bis sie duften. Herausnehmen, kurz abkühlen lassen und im Mörser grob zerreiben.

**3** Den Lammrücken auf ein Grillgitter setzen, in den vorgeheizten Backofen schieben und ein Backblech als Abtropfpfanne darunter stellen. Das Fleisch etwa 20 Minuten braten und dabei mehrmals wenden.

**4** Inzwischen das Weißbrot grob zerreiben. Die Petersilie waschen, trockenschwenken, die Blättchen von den Stängeln zupfen und fein hacken. Die Knoblauchzehen abziehen und durch eine Knoblauchpresse drücken. Weißbrot, Petersilie, Knoblauch und Pinienkerne mit der Butter sowie dem Pastis cremig rühren.

**5** Den Lammrücken aus dem Ofen nehmen und auf der Oberseite mit der Buttermischung bestreichen. Zurück in den Ofen geben und in 8 bis 10 Minuten gratinieren. Herausnehmen, kurz ruhen lassen und erst dann entlang der Knochen in Scheiben schneiden.

**Zubereitungszeit:** 45 Minuten

**Für 4 Portionen**

- 1,2 kg Lammrücken (Sattel) mit Knochen
- Salz, schwarzer Pfeffer
- 1 TL getrockneter Rosmarin
- 2 EL Olivenöl

**Zum Gratinieren:**

- 100 g Pinienkerne
- 250 g Weißbrot ohne Rinde
- 1/2 Bund Petersilie
- 2 Knoblauchzehen
- 100 g zimmerwarme Butter
- 2 EL Pastis (französischer Anis-Branntwein, Pernod)

### Profitipp:

*Mit dieser leckeren Buttermischung zum Gratinieren können Sie auch eine Lammkeule überbacken.*
*Die Butter lässt sich mit 50 Gramm Gorgonzola, Roquefort oder einem anderen Edelpilzkäse variieren.*

### Beilagenempfehlung:

*Gegrilltes Gemüse wie zum Beispiel Auberginen, Zucchini, Paprikaschoten und Tomaten, gratinierte Kartoffeln mit Käse überbacken (Rezept* *Seite 136)*

### Weinempfehlung:

*Ein leichter roter Burgunder. Es passt aber auch Pernod mit viel Wasser*

### Wenn ein Rest bleibt:

*Dünne Pfannkuchen oder Crêpes backen und diese mit Ricotta bestreichen. Das restliche Fleisch, in hauchdünne Scheibchen oder Streifen geschnitten, mit Petersilie oder anderen Kräutern darüber streuen. Die Crêpes aufrollen, fest mit Alufolie umwickeln und zur besseren Formgebung 10 Minuten kühl stellen. Dann quer in Scheiben schneiden oder quer halbieren und wie Wraps genießen.*

# Wild und Geflügel

# Wild – ein Halali für den guten Geschmack!

Alle Tiere, die „fleuchen, kriechen und fliegen“ und auf der Jagd als wild lebende Tiere erlegt werden, sind der Gattung Wild zuzuordnen. Die weitere Spezifikation unterscheidet *Haarwild*, also Tiere, die Fell tragen und *Federwild*, also alles, was ein Federkleid trägt. Nach bestehendem Recht dürfen nur ausgebildete Jäger der Jagd nachgehen. „Wilderer“, die ohne Berechtigung jagen, werden gerichtlich belangt und bestraft.

Wild darf nur in der Jagdsaison erlegt werden. Es gibt Schonzeiten, in denen die Jagd nicht gestattet ist – nicht zuletzt um den Wildbestand unter Kontrolle zu halten. Ein Verstoß dagegen wird ebenfalls gerichtlich geahndet.

Wildbret, wie das Fleisch vom erlegten Wild genannt wird (bret = schieres Fleisch), bekommt man in speziellen Wildfachgeschäften sowie in Delikatessengeschäften und gut sortierten Lebensmittelabteilungen der Kaufhäuser.

Die Nachfrage nach Wild ist jedoch größer, als der Bestand der zum Schuss freigegebenen Tiere in der freien Wildbahn. Folglich wird seit jeher **Damwild**, eine mittelgroße Hirschart, auch in landwirtschaftlicher Gatterhaltung gezüchtet. Inzwischen werden allerdings eigentlich fast alle Tiere, nach denen die Nachfrage besonders groß ist, gezüchtet.

Eine der ganz wenigen Ausnahmen ist die **Gams (Gemse)**, die noch wirklich zu den „Wilden“ zählt. Und sollte ein Jäger einmal tatsächlich – auf einer extrem schwierigen Jagd – einen Gamsbock erlegen, wird er sicherlich fortan auf seinem Jägerhut einen „Gamsbart“ tragen, der jedoch in Wirklichkeit ein Rückenhaarbüschel ist …

Den so genannten „Hautgoût“ kennt man nur beim Wildfleisch. Es ist dieser typische Eigengeschmack, der von Kennern geschätzt, bei zu starker Ausprägung jedoch als unangenehm und nicht als geschmackvoll empfunden wird.

Früher wurde Wildfleisch grundsätzlich vor der Zubereitung in Beizen eingelegt – nicht nur, um das Fleisch zarter zu machen, sondern auch um den typischen Wildgeschmack zu mildern. Heutzutage ist das nicht mehr unbedingt nötig. Das liegt vermutlich daran, dass Zuchtwild diesen Geschmack gar nicht aufweist, da den Tieren in den Gehegen die gemischte Waldnahrung fehlt.

Wildfleisch ist meist von dunkler Farbe, sehr fett- und kalorienarm, mit hohem Eiweißgehalt und ausgeprägtem Eigengeschmack. Wegen seiner zähen Muskulatur muss frisches Fleisch abgehangen werden, damit sich die Muskelfasern lockern, das Fleisch mürbe und somit leichter verdaulich wird.

Wildbret aus freier Wildbahn sollte laut Wildbret-Hygiene immer durchgebraten sein (etwa 10 Minuten 80 °C Kerntemperatur haben). Bei Fleisch von Zuchttieren wird dies durch die veränderten Aufzuchtbedingungen nicht unbedingt verlangt.

## Zum Braten geeignet:

**Reh** – zartes Fleisch von Keule oder Rücken, Schulter
**Hirsch** – das etwas rustikalere Fleisch von Rücken und Keule
**Wildkaninchen** und **Hase** – Rücken, Keule oder im Ganzen
**Wildschwein** – Rücken, Keule
**Gams** – Rücken, Keule

## Zum Schmoren empfohlen:

**Reh**, **Hirsch**, **Wildschwein**, **Gams (Gemse)** – Schulterblatt (Schäufele), Hals (Träger)
**Wildkaninchen** und **Hase** – Keule

**Wildgeflügel** – Infos dazu siehe Seite 114/115 unter dem Stichwort „Geflügel“

Informationen zu Qualitätsmerkmalen, Brattemperaturen und Würzempfehlungen finden Sie auf Seite 9.

# Rehschulter mit Johannisbeersauce

## Ganz wild auf diesen Braten …

**Profitipp:**

*Sie können die Rehschulter gegen Rehnuss, Rehkeule oder Rehrücken austauschen. Statt der Johannisbeeren können Sie auch Blaubeeren oder Preiselbeeren verwenden. Bei Wildgerichten verwendet man gerne Wacholderschnaps (Gin) zum Ablöschen. Ich habe darauf verzichtet, weil genügend Wacholderbeeren im Rezept sind und Johannisbeerlikör enthalten ist.*

**Beilagenempfehlung:**

*Kartoffelnudeln oder -knödel, Semmelknödel (Rezept auf Seite 142), Maronen-Sellerie-Püree mit viel frischer Petersilie (dazu Kartoffeln mit etwas Knollensellerie kochen, pürieren und geschälte, gekochte, grob gehackte Maronen unter den Brei mischen).*

**Weintipp:**

*Modern: ein Pinot Noir aus Kalifornien, Napa Valley oder klassisch: ein Bordeaux St. Emilion Grand Cru*

**Wenn ein Rest bleibt:**

*Kaltes Fleisch in hauchdünne Scheiben schneiden und zu Cumberlandsauce und Selleriesalat reichen. Fleischreste klein würfeln, im Saucenrest erhitzen und in tiefe Teller verteilen. Darauf einen Apfelknödel geben: Aus 250 Gramm Apfelwürfeln, 150 Gramm klein geschnittenem Knödelbrot, 50 bis 80 Gramm Mehl, 1 Ei, je 1 Prise Zucker und Salz einen Teig kneten. Kleine Knödel formen, in Salzwasser etwa 15 bis 20 Minuten ziehen lassen.*

**Für 4 Portionen**

- 2 küchenfertige Rehschultern, etwa 1,2 kg
- 2 Zwiebeln
- 1 Bund Suppengrün (Lauch, Möhre, Sellerie)
- etwa 15 Wacholderbeeren
- 4 Gewürznelken
- 2 Lorbeerblätter
- ½ l Rotwein
- 100 g Räucherspeck
- Salz, schwarzer Pfeffer
- 4 EL Pflanzenöl
- 150 g frische Johannisbeeren
- 5 cl Johannisbeerlikör (Cassis)
- 150 ml Bratensauce (Grundrezept Seite 149)
- 200 g Sahne

**1** Die Rehschultern unter fließendem kaltem Wasser waschen und mit Küchenpapier trockentupfen. Die Zwiebeln abziehen und in Streifen schneiden. Das Suppengemüse waschen und in kleine Stücke schneiden. Wacholderbeeren, Gewürznelken und Lorbeerblätter im Mörser grob zerreiben.

**2** Die Rehschultern in ein Gefäß legen und mit den vorbereiteten Zutaten bestreuen. Rotwein und soviel Wasser darüber gießen, dass das gesamte Fleisch bedeckt ist. Abdecken und für mindestens 1 Tag zum Beizen in den Kühlschrank stellen.

**3** Den Räucherspeck in kleine Würfel schneiden. Die Rehschultern aus der Beize nehmen und mit Küchenpapier trockentupfen. Rundherum mit Salz und Pfeffer würzen. Die Beize durch ein Sieb in einen Krug gießen, das zurückbleibende Gemüse beiseite stellen. Den Backofen auf 200 °C (Umluft 180 °C) vorheizen.

**4** Das Pflanzenöl in einem Bräter erhitzen und darin die Rehschultern auf beiden Seiten anbraten. Den Speck und das Beizgemüse einstreuen, kurz mitbraten lassen und etwa ¾ der Beizflüssigkeit seitlich angießen.

**5** Den Bräter in den vorgeheizten Backofen schieben und die Rehschultern unter mehrmaligem Wenden in etwa 1 ¾ Stunden braten. Zwischendurch immer wieder mit Bratensaft begießen.

**6** Die Johannisbeeren waschen, die Beeren von den Stängeln zupfen und in einer kleinen Schüssel mit dem Johannisbeerlikör übergießen.

**7** Sobald das Fleisch gar ist, den Bräter auf den Herd stellen. Rehschultern aus dem Bräter nehmen, in Alufolie wickeln und im ausgeschalteten Backofen ruhen lassen.

**8** Den Bratensatz im Bräter einmal aufkochen lassen. Die Sauce durch ein Sieb passieren, erneut erhitzen und die Bratensauce sowie die Sahne einrühren. Nochmals abschmecken und die marinierten Johannisbeeren einrühren.

**9** Die Rehschultern aus der Folie nehmen, den entstandenen Bratensaft in die Sauce rühren und das Fleisch in Scheiben aufschneiden. Die Sauce separat servieren.

**Zubereitungszeit: 2 ¼ Stunden + Marinierzeit: 1 bis 3 Tage**

# Hasenkeulen in Portweinsauce

## Aus dem Römertopf, Kochtopf oder Bräter ...

**Profitipp:**

*Wenn Sie mehr Sauce mögen: Vom Grundrezept für Wildsauce (Seite 149) größere Portionen vorkochen, einfrieren und bei Bedarf verwenden. Fertige Wildfonds und -saucen gibt es in Gläsern oder Dosen zu kaufen.*
*Falls Sie bereits gespickte Hasenkeulen bekommen, können Sie den Räucherspeck weglassen.*
*Der Fenchel mit seinem sanften Geschmack passt meiner Meinung nach sehr harmonisch zu diesem Gericht. Wenn Sie nur Möhren oder einen gemischten Suppenbund verwenden, wird die Sauce aber auch sehr lecker.*

**Beilagenempfehlung:**

*Rosenkohl oder Grünkohl, Kohlrabirahmgemüse (Seite 143), Kartoffelnudeln, Kartoffelklöße (Seite 142) oder auch Kartoffelrösti (Seite 137)*

**Weinempfehlung:**

*Barbera d'Asti aus dem Piemont*

**Wenn ein Rest bleibt:**

*Gemischte Pilzpfanne: Restliches Fleisch fein würfeln. Zusammen mit 1 gewürfelten Zwiebel in Kräuterbutter andünsten. Etwa 250 Gramm geputzte Pilze (Pfifferlinge, Champignons, Maronen, Steinpilze) zufügen, andünsten lassen, salzen und pfeffern. Mit etwas Weißwein ablöschen, 200 Gramm Sahne angießen. 2 Esslöffel Bratensaft einrühren und mit Petersilie verfeinern. Dazu: kleine Semmelknödel, (siehe Rezept Seite 142).*

**Für 4 Portionen**

- 4 Hasenkeulen
- Salz, schwarzer Pfeffer
- 4 dünn geschnittene Räucherspeckscheiben
- 1 Zwiebel
- 2 Möhren
- 1 Fenchelknolle
- 1 Petersilienwurzel
- 2 Lorbeerblätter
- 2 Wacholderbeeren
- 150 ml Portwein
- 100 g Crème légère

**Außerdem:**

- 1 Römertopf
- 2 Orangen
- 4 TL Preiselbeeren

**1** Den Römertopf mindestens über Nacht, besser noch 24 Stunden, wässern.

**2** Die Hasenkeulen unter fließendem kaltem Wasser waschen und mit Küchenpapier trockentupfen. Rundherum mit Salz und Pfeffer würzen und jede Keule mit einer Speckscheibe umwickeln.

**3** Die Zwiebel abziehen und in Streifen schneiden. Die Möhre schälen und in Scheibchen schneiden. Den Fenchel vierteln, entstrunken, waschen und in Streifen schneiden. Das Fenchelgrün grob hacken. Petersilienwurzel waschen und klein schneiden.

**4** Die Hasenkeulen in den Römertopf geben, rundherum und obenauf mit dem Gemüse sowie Lorbeerblättern und Wacholderbeeren belegen. Alles mit Portwein begießen.

**5** Den Römertopf mit dem Deckel verschließen und in den kalten (!) Backofen schieben. Die Temperatur auf 220 °C (Umluft 200 °C) einstellen und die Hasenkeulen etwa 1 Stunde schmoren.

**6** Inzwischen die Orangen mit heißem Wasser abwaschen und gründlich abreiben. Die Früchte halbieren und aushöhlen, das Fruchtfleisch von den weißen Zwischenhäutchen und Kernen befreien und würfeln.

**7** Den Römertopf aus dem Ofen nehmen, die Hasenkeulen herausnehmen und die Speckscheiben entfernen. Die Keulen in Alufolie wickeln und kurz im ausgeschalteten Backofen ruhen lassen.

**8** Die Bratflüssigkeit durch ein Sieb passieren und kurz aufkochen lassen. Bei kleiner Hitze mit Crème légère verfeinern und abschmecken.

**9** Die Hasenkeulen aus der Alufolie nehmen, den entstandenen Bratensaft in die Sauce rühren, und das Fleisch aufschneiden. Das Fleisch auf Tellern anrichten und mit etwas Sauce überziehen. Je eine halbe Orange daneben setzen und mit je einem Teelöffel Preiselbeeren krönen. Die restliche Sauce separat dazu servieren.

**Zubereitungszeit: 1 ½ Stunden + Wässerungszeit für den Römertopf: bis zu 1 Tag**

# Gamsfilet mit Enziansauce

## Alpenküche vom Feinsten

**1** Das Filet und die Knochen unter fließendem kaltem Wasser waschen und mit Küchenpapier trockentupfen. Alles mit Salz und Pfeffer würzen. Die Knochen mit Mehl bestäuben.

**2** Die Zwiebeln abziehen und hacken. Die Möhren und den Sellerie schälen und klein schneiden. Die Thymianzweige abspülen und trockenschwenken. 3 Esslöffel Öl in einem breiten Topf erhitzen und darin die Knochen kräftig durchrösten. Das Gemüse zufügen und unter Rühren weiterbraten.

**3** Das Tomatenmark unterrühren und mitrösten, Pimentkörner, Wacholderbeeren, Pfefferkörner und Gewürznelken einstreuen. Mit Enzian ablöschen, kurz einkochen lassen und mit Wildfond aufgießen. Bei mittlerer Hitze etwa 30 Minuten offen kochen lassen.

**4** Inzwischen den Backofen auf 220 °C (Umluft 200 °C) vorheizen.

**5** In einem Bräter das restliche Öl erhitzen und darin das Gamsfilet von allen Seiten anbraten. Mit Thymianzweigen belegen und zum Fertiggaren für etwa 20 Minuten in den vorgeheizten Backofen schieben; zwischendurch wenden.

**6** Sobald das Fleisch gar ist, den Bräter auf den Herd stellen. Das Gamsfilet aus dem Bräter nehmen, in Alufolie wickeln und für etwa 10 Minuten in den ausgeschalteten Backofen legen.

**7** Den Bratensatz im Bräter mit etwas Wasser loskochen und in den Topf gießen. Die Sauce durch ein Sieb passieren und erneut aufkochen. Anschließend bei kleiner Hitze die saure Sahne und das Johannisbeergelee einrühren. Abschmecken, fertig.

**8** Das Gamsfleisch aus der Alufolie wickeln, den entstandenen Bratensaft in die Sauce rühren, und das Fleisch schräg in Scheiben schneiden. Auf Teller verteilen und mit Sauce überziehen.

**Zubereitungszeit: 1 ½ Stunden**

**Für 4 bis 5 Portionen**

- 1 kg Rückenfilet von der Gams
- 500 g Wildknochen
- Salz, schwarzer Pfeffer
- 1 EL Mehl
- 2 Zwiebeln
- 2 Möhren
- 200 g Knollensellerie
- 3 frische Thymianzweige
- 5 EL Pflanzenöl
- 1 TL Tomatenmark
- 4 Pimentkörner
- 4 Wacholderbeeren
- 8 weiße Pfefferkörner
- 2 Gewürznelken
- 50 ml Enzian (Branntwein aus den Alpen)
- 200 ml Wildfond (aus dem Glas)
- 100 g saure Sahne
- 50 g Johannisbeergelee

*Die blaue Blume namens Enzian auf der Flasche trügt: Der Schnaps wird aus der Wurzel dieser Pflanze gebrannt. In den Alpenregionen gehört er als „Mageneinrenker" auf den Tisch, er lässt aber auch beim Ablöschen von Saucen einen guten Gusto zurück.*

### Profitipp:

*Fixe Variante: Das Filet in Medaillons schneiden und in der Pfanne kurz braten. Das Fleisch herausnehmen, den Bratensatz mit Enzian ablöschen und mit fertiger Wildsauce (siehe Rezept 149) aufgießen. Mit saurer Sahne und Preiselbeeren verfeinern. Das Fleisch wird jedoch saftiger und zarter, wenn Sie es im Ganzen im Ofen braten.*

### Beilagenempfehlung:

*Spätzle, Bandnudeln, Semmelknödel (Seite 142) oder Kartoffelklöße. Geschmorte Rahmgemüse wie zum Beispiel Kohlrabi (Rezept auf Seite 143), Rosenkohl, Grünkohl, Spinat.*

### Weinempfehlung:

*Merlot aus dem Friaul*

### Wenn ein Rest bleibt:

*Wilderer-Salat: Das Fleisch in feinste Streifen schneiden. Auf Feldsalat mit gebratenen Speckwürfeln und Vinaigrette, zusammen mit lauwarmem Kartoffelsalat, anrichten. Mit Preiselbeersahne garnieren. Ganz besonders hungrige „Wilderer" bekommen noch ein Spiegelei obenauf. Dazu schmeckt Haselnuss- oder Walnussbrot.*

# Hirschrücken mit Nusskruste

## Schmeckt nicht nur im Advent

**Profitipp:**
*Der Rücken des mächtigen Hirschen ist auch unter dem Namen „Ziemer" im Angebot, der Bezeichnung aus der Jägersprache.*
*Früher musste das Fleisch grundsätzlich gebeizt werden, weil es hart und trocken war. Die heutigen Qualitäten sind aufgrund der Züchtungen wesentlich besser.*

**Beilagenempfehlung:**
*Kartoffelnudeln oder Kartoffelplätzchen, Kartoffelkroketten, Rotkohl mit Orangen und Zimt (siehe Seite 144) oder Spätzle (Rezept Seite 141) und Grünkohl*

**Weinempfehlung:**
*Amarone Classico aus Venetien*

**Wenn ein Rest bleibt:**
*Kalte Fleischscheiben und geschälte Orangenscheiben abwechselnd dachziegelartig auf Tellern anrichten. Mit einer Schnittlauch-Vinaigrette beträufelt servieren.*

**Für 4 bis 5 Portionen**

- 1 kg Hirschrücken
- 500 g gehackte Rückenknochen vom Hirsch
- Salz, schwarzer Pfeffer
- 2 EL Pflanzenöl
- 2 Zwiebeln
- 2 Möhren
- 1 Apfel
- 1/2 Zitrone
- einige Petersilienstängel
- einige Thymianzweige
- 2 Lorbeerblätter
- 4 Gewürznelken
- 4 Wacholderbeeren
- 4 Pfefferkörner
- 1/8 l Apfelsaft
- 50 g gemahlene Mandeln
- 50 g fein gehackte Walnüsse
- 50 g fein geriebener Lebkuchen
- 100 g zimmerwarme Butter
- 2 EL Orangensaft
- 2 EL Honig
- 1 Schuss Wacholderschnaps (Gin)
- 1/8 l Rotwein
- 1/8 l Wildsauce (Rezept Seite 149)
- 2 EL Preiselbeeren

**1** Den Backofen auf 220 °C (Umluft 200 °C) vorheizen. Das Fleisch und die Knochen unter fließendem kaltem Wasser waschen und mit Küchenpapier trockentupfen. Beides salzen, pfeffern und mit Öl bestreichen.

**2** Zwiebeln, Möhren, Apfel und Zitrone waschen und ungeschält kleiner schneiden. Die Kräuter abspülen, trockenschwenken und grob zupfen. Alles in einem Bräter verteilen und mit Lorbeerblättern, Gewürznelken, Wacholderbeeren und Pfefferkörnern vermischen. Mit Apfelsaft beträufeln.

**3** Den Hirschrücken und die Knochen auf die Gemüsemischung geben. Den Bräter für 15 Minuten in den vorgeheizten Backofen schieben. Inzwischen Mandeln, Walnüsse, Lebkuchen und Butter mit dem Orangensaft zu einem Teig vermischen.

**4** Den Bräter aus dem Ofen nehmen. Den Hirschrücken auf der Fleischoberseite mit Honig bestreichen, mit dem Nussteig überziehen und zum Gratinieren für etwa 12 Minuten in den Ofen schieben.

**5** Sobald der Hirschrücken fertig ist, den Bräter auf den Herd stellen. Das Fleisch aus dem Bräter nehmen, in Folie wickeln und in den ausgeschalteten Backofen geben.

**6** Den Bratensatz im Bräter mit Wacholderschnaps und Rotwein loskochen. Durch ein Sieb streichen, erneut erhitzen und die Wildsauce zufügen. Mit Preiselbeeren verfeinern und abschmecken.

**7** Den Hirschrücken aus der Folie wickeln und quer in dünne Scheiben schneiden. Den entstandenen Bratensaft in die Sauce rühren und diese separat dazu reichen.

**Zubereitungszeit: 1 Stunde**

# Rehrücken Baden-Baden

## Klassiker aus deutschen Landen

**Profitipp:**
*Obwohl das Beizen aufgrund der besseren Fleischqualität heutzutage nicht mehr unbedingt nötig ist, empfehle ich es bei diesem Rezept: Wild aus Zuchtbetrieben fehlt oft der typische Wildgeschmack, durch die Beize wird es besonders würzig.*

**Beilagenempfehlung:**
*Kartoffelkroketten, gemischtes Buttergemüse*

**Weinempfehlung:**
*Kräftiger badischer Spätburgunder aus dem Barrique*

**Wenn ein Rest bleibt:**
*Das kalte Rehfleisch hauchdünn aufschneiden, breitflächig auf Teller verteilen und mit Cumberlandsauce (aus dem Glas) beträufeln. Mit eingelegten Pfirsichspalten und Sahnemeerrettich oder Preiselbeersahne servieren.*
*Oder die restlichen Fleischscheiben mit Räucherspeckscheiben umwickeln und im Backofen übergrillen. Auf Kartoffelrösti mit Chilisauce und gemischten Blattsalaten genießen.*

**Für 6 Portionen**

Für die Beize:
- 2 Zwiebeln
- 1 Bund Suppengrün (Lauch, Möhre, Sellerie)
- 1 Petersilienwurzel
- 2 frische Thymianzweige
- 4 Gewürznelken
- 4 Wacholderbeeren
- 2 Lorbeerblätter
- 50 ml Rotweinessig
- 1/4 l Rotwein

- 1 mit Speck gespickter Rehrücken von 1,5 bis 2 kg
- 3 EL Pflanzenöl
- Salz, schwarzer Pfeffer
- 1 TL Speisestärke

Für die Garnitur:
- 3 Birnen (z.B. Williams)
- Schale von 1/2 unbehandelten Zitrone
- 2 Gewürznelken
- 1/2 Zimtstange
- 100 g Johannisbeergelee

**1** Für die Beize die Zwiebeln mit Schale grob zerkleinern. Das Suppengemüse waschen und klein schneiden. Petersilienwurzel und Thymianzweige waschen und klein schneiden.

**2** Die vorbereiteten Zutaten in einem Topf mit 2 Liter kaltem Wasser, den Gewürzen, Rotweinessig und Rotwein mischen. Aufkochen, einige Minuten ziehen und vollständig abkühlen lassen.

**3** Den Rehrücken unter fließendem kaltem Wasser waschen und in eine Form geben. Mit kalter Beize bedecken und mit Folie verschließen. Das Fleisch für 1 bis 2 Tage in den Kühlschrank stellen.

**4** Den Rehrücken aus der Beize nehmen und mit Küchenpapier trockentupfen. Den Backofen auf 200 °C (Umluft 180 °C) vorheizen. In einem Bräter das Öl erhitzen. Den Rehrücken salzen, pfeffern und in dem heißen Fett von allen Seiten anbraten.

**5** Die Beize durch ein Sieb passieren und das Beizgemüse rund um den Rehrücken streuen. Den Bräter in den vorgeheizten Backofen schieben und den Rehrücken unter ein- bis zweimaligem Wenden etwa 20 Minuten braten.

**6** Für die Garnitur die Birnen schälen, halbieren und entkernen. Die Birnenhälften in etwa 1/2 Liter kaltem Wasser mit Zitronenschale, Gewürznelken und Zimt aufkochen. Bei mittlerer Hitze 10 Minuten garen; herausnehmen und warmstellen.

**7** Den Rehrücken aus dem Bräter nehmen, in Alufolie wickeln und 10 Minuten ruhen lassen. Den Bratensatz mit etwa 1/4 Liter Beizflüssigkeit loskochen und durch ein Sieb gießen. Erneut erhitzen, die Speisestärke mit 2 Esslöffeln Wasser anrühren und die Sauce damit binden. Abschmecken.

**8** Das Fleisch vom Rehrücken ausschneiden, in Scheiben schneiden und auf einer Servierplatte anrichten. Die Birnenhälften mit Johannisbeergelee füllen und um das Fleisch herum setzen. Die Sauce separat reichen.

**Zubereitungszeit: 1 Stunde + Marinierzeit: 1 bis 2 Tage**

# Gespickter Hasenrücken mit Rotweinzwiebeln

## Hier gibt's was auf die Löffel

**1** Den Rotwein in einem Topf aufkochen und bei mittlerer Hitze auf etwa die Hälfte einkochen lassen. Inzwischen die Zwiebeln abziehen und in Streifen schneiden. Zusammen mit Zucker, Lorbeerblättern und einer Prise Salz in den Rotwein geben. Die Zwiebeln bei niedriger Temperatur etwa 10 Minuten kochen, anschließend im Sud erkalten lassen.

**2** Das Suppengemüse waschen und in kleine Stücke schneiden. Den Knoblauch abziehen und mit einer Prise Salz, den Lorbeerblättern, den Wacholderbeeren, den Pimentkörnern, den Gewürznelken und der Orangenschale im Mörser zerreiben.

**3** Den Backofen auf 200 °C (Umluft 180 °C) vorheizen. In einem Bräter 2 Esslöffel Pflanzenöl erhitzen. Die Hasenrücken rundherum mit Salz und Pfeffer würzen und im Öl von allen Seiten anbraten; herausnehmen und auf einen Teller legen.

**4** Das restliche Öl in den Bräter gießen und darin das Gemüse sowie die zerriebenen Gewürze anbraten. Mit Tomatenmark kurz durchrösten und mit ½ Liter Fleischbrühe begießen. Hasenrücken mit den Knochen nach unten einlegen.

**5** Den Bräter in den vorgeheizten Backofen schieben und die Hasenrücken etwa 15 Minuten garen. Sobald das Fleisch fertig ist, den Bräter auf den Herd stellen. Die Hasenrücken herausnehmen und die Filets von den Knochen lösen. Das Fleisch in Alufolie wickeln und warmstellen.

**6** In den Bräter ¼ Liter Fleischbrühe gießen. Die Hasenrückenknochen grob hacken und in dem Bratenfond einige Minuten auskochen. Alles durch ein Sieb passieren und in einem Topf erneut zum Kochen aufstellen.

**7** Die Rotweinzwiebeln in die Sauce rühren und aufkochen. Die Sauce abschmecken und mit Kräuter-Crème-fraîche verfeinern. Die Hasenrückenfilets schräg aufschneiden und den entstandenen Bratensaft aus der Folie in die Sauce rühren.

**Zubereitungszeit: 1 ½ Stunden**

**Für 4 Portionen**

**Für die Rotweinzwiebeln:**
- ½ l Rotwein
- 2 rote Zwiebeln
- 1 EL Zucker
- 2 Lorbeerblätter
- Salz

- ½ Bund Suppengrün (Lauch, Möhre, Sellerie)
- 1 Knoblauchzehe
- 2 Lorbeerblätter
- 2 Wacholderbeeren
- 2 Pimentkörner
- 2 Gewürznelken
- ½ TL frisch abgeriebene Schale einer unbehandelten Orange
- 4 EL Pflanzenöl
- 2 mit Speck gespickte Hasenrücken à etwa 600 g
- Salz, frisch geschroteter schwarzer Pfeffer
- 1 EL Tomatenmark
- ¾ l Fleischbrühe
- 100 g Kräuter-Crème-fraîche

### Profitipp:
*Alternativ können Sie die Hasenrückenfilets auch von den Knochen lösen, in Scheibchen schneiden und in der Pfanne kurz braten.*

### Beilagenempfehlung:
*Spätzle (Rezept siehe Seite 141) mit Petersilienbutter oder Mohn- bzw. Holunderspätzle (dazu dem Spätzleteig 2 Esslöffel Holundersirup beimischen). Für die Mohnspätzle die fertigen Spätzle in Butter mit 1 Esslöffel Mohn schwenken. Geschmorter Brokkoli, Rosenkohl oder glasierte Möhrchen.*

### Weinempfehlung:
*Ein Rioja Reserva 18 °C*

### Wenn ein Rest bleibt:
*Das kalte Fleisch in kleine Stücke schneiden und mit klein gewürfelten Chilischoten, Paprika- und Zwiebelstreifen in der Pfanne braten. Reis untermischen, mit Salz und Pfeffer würzen. Mit reichlich frisch gehackter Petersilie garnieren.*

# Wildschwein-Rollbraten mit Pflaumensauce

## Sardische Jagdgelüste

**Profitipp:**
*Anstatt der eingelegten Pflaumen können Sie auch frische verwenden, dann aber die Zuckermenge etwas erhöhen. Oder Sie nehmen Dörrpflaumen, die sind besonders konzentriert im Geschmack, müssen jedoch etwa 1 Stunde eingeweicht werden.*

**Beilagenempfehlung:**
*In der Pfanne gebratene gemischte Pilze und Bratkartoffeln. Oder Kartoffelklöße (Rezept Seite 142) zum Auftunken der Sauce.*

**Weinempfehlung:**
*Ein Terre Brune aus Sardinien*

**Wenn ein Rest bleibt:**
*Reststücke vom Fleisch in mundgerechte Bissen schneiden. Frische Steinpilze putzen, mit 1 gewürfelten Zwiebel in Butter andünsten. Mit 100 Millilitern trockenem Weißwein ablöschen und 200 Gramm Sahne zugießen. Das Wildfleisch und etwas gehackte Petersilie unterrühren. Mit Salz und Pfeffer würzen. Diese pikante Pilzpfanne auf Bandnudeln anrichten. Sie können das restliche Wildfleisch auch sehr fein hacken und als Suppeneinlage, beispielsweise in einer Kartoffelsuppe, verwenden.*

**Für 4 Portionen**

- 1 kg Rollbraten vom Wildschwein
- 100 g geräucherter Speck
- 4 EL Pflanzenöl
- 2 Frühlingszwiebeln
- 1 EL Butter
- 1 Prise Zucker
- Salz, Pfeffer
- 150 g eingelegte, entsteinte Pflaumen (Glas)
- 1 EL Pflaumenmus

**Für die Marinade:**

- 1 Bund Suppengrün (Lauch, Möhre, Sellerie)
- 1 Zwiebel
- 1 Knoblauchzehe
- 1 frischer Thymianzweig
- 2 Lorbeerblätter
- 1/2 TL Pfefferkörner
- 1 kräftige Prise Salz
- 4 Gewürznelken
- 1 EL Zucker
- 3/4 l trockener Rotwein (z.B. aus Sardinien)
- 100 ml Rotweinessig
- 4 EL Aceto balsamico

**1** Für die Marinade das Suppengemüse waschen und in grobe Stücke schneiden. Die Zwiebel und die Knoblauchzehe mit Schale kleiner schneiden. Den Thymianzweig waschen und trockenschwenken. Alle Zutaten für die Marinade in einer Schüssel verrühren.

**2** Das Fleisch unter fließendem kaltem Wasser waschen und mit Küchenpapier trockentupfen. Das Fleisch in die Marinade legen, es soll alles bedeckt sein; eventuell etwas Wasser zugießen. Die Schüssel abdecken, in den Kühlschrank stellen und das Fleisch 1 Tag marinieren lassen.

**3** Das Fleisch aus der Marinade nehmen und trockentupfen. Den Speck in kleine Würfel schneiden. Den Backofen auf 220 °C (Umluft 200 °C) vorheizen. Das Pflanzenöl in einem Bräter erhitzen und darin das Fleisch rundherum anbraten. Die Speckwürfel einstreuen und kurz glasig braten. Seitlich die Marinade eingießen.

**4** Den Bräter in den vorgeheizten Backofen schieben und den Wildschweinbraten in 1 1/2 Stunden garen. Während der Garzeit den Braten mehrmals wenden und mit Sauce begießen.

**5** Sobald der Braten fertig ist, den Bräter auf den Herd stellen. Den Braten herausnehmen, in Alufolie wickeln und in den ausgeschalteten Ofen legen.

**6** Den Bratenfond im Bräter mit etwas Wasser loskochen und durch ein Sieb passieren.

**7** Die Frühlingszwiebeln putzen und sehr fein würfeln. Die Butter in einem Topf heiß schäumend erhitzen und darin die Frühlingszwiebeln glasig dünsten. Mit Zucker bestreuen und nach 1 Minute mit dem Bratenfond aufgießen. Nach dem ersten Aufkochen mit Salz und Pfeffer würzen und die tropfnassen Pflaumen einrühren. Mit Pflaumenmus abschmecken. Den Braten aufschneiden und den Bratensaft aus der Folie in die Sauce rühren.

**Zubereitungszeit: 2 Stunden + Marinierzeit: 1 Tag**

# Wildschweinkeule mit Pfifferlingsrahm

## Perfekte Geschmacksharmonie

**Profitipp:**
*Wildschwein steht vom 16. Juni bis 31. Januar auf der Speisekarte. Außerhalb dieser Saison stammt das Fleisch entweder aus Übersee (Australien, Neuseeland), wurde aus dem Kälteschlaf (TK) aufgeweckt oder kommt aus Zuchtgehegen. Letztere bieten dem „Schwarzkittel“ wenig Abwechslung in der Ernährung. Das Fleisch schmeckt daher anders als jenes von Wildschweinen aus freier Wildbahn. Dieses hat eher einen etwas strengen, eigenwilligen und kraftvolleren Geschmack.*

**Beilagenempfehlung:**
*Grüne Bohnen mit Speck, Erbsenpüree (halb Kartoffeln und halb grüne Erbsen), Kopfsalat mit Kräutern, süß-sauer eingelegter Kürbis, Rote-Bete-Salat oder Knollenselleriesalat mit Walnüssen, Selleriepüree oder auch in Butter geschwenkte Teltower Rübchen*

**Weinempfehlung:**
*Roter Burgunder, z.B. Santenay*

**Wenn ein Rest bleibt:**
*Gekochte Spätzle und Linsen in Butter schwenken, Fleischstreifen vom Wildschwein untermischen. Mit Bratensauce vermischen und viel frisch gehackter Petersilie servieren.*
*Oder: Fleischreste klein würfeln und in Rahmwirsing servieren.*
*Alternativ: Fleischreste in feinste Streifen schneiden und unter einen Käsesalat mit Trauben mischen.*

**Für 4 Portionen**

- 1,5 kg Wildschweinkeule
- 1,5 kg klein gehackte Wildknochen
- Salz, schwarzer Pfeffer
- 2 frische Thymianzweige
- 150 g geräucherter Speck
- 1 Bund Suppengrün (Lauch, Möhre, Sellerie)
- 1 Zwiebel, 1 Knoblauchzehe
- 1 kleine unbehandelte Orange
- 6 EL Pflanzenöl
- 1 EL Tomatenmark
- 1/2 TL schwarze Pfefferkörner
- 2 Lorbeerblätter
- 1/2 TL Pimentkörner
- 1 TL Wacholderbeeren
- 1 EL Mehl
- 3/4 l Fleischbrühe
- 1/2 l Apfelsaft, 1/4 l Rotwein
- 250 g frische Pfifferlinge
- 1/4 Bund glatte Petersilie
- 1 EL Butter, 250 g Sahne

**1** Wildschweinkeule und Wildknochen unter fließendem kaltem Wasser waschen und mit Küchenpapier trockentupfen. Alles salzen und pfeffern. Den Thymian waschen und trockenschwenken.

**2** Den Speck grob schneiden. Das Suppengemüse waschen und in kleinere Stücke schneiden. Zwiebel und Knoblauch ungeschält kleiner schneiden. Die Orange heiß waschen, fest abreiben und mit der Schale klein schneiden.

**3** Backofen auf 200 °C (Umluft 180 °C) vorheizen. In einem Bräter die Hälfte des Pflanzenöls erhitzen und die Wildschweinkeule darin von allen Seiten anbraten. Herausnehmen, auf einen Teller legen.

**4** Restliches Pflanzenöl in den Bratensatz gießen. Die Knochen, den Speck, das vorbereitete Gemüse, das Tomatenmark sowie die Orangenstücke darin unter Rühren anbraten. Pfefferkörner, Lorbeerblätter, Pimentkörner und Wacholderbeeren im Mörser grob zerreiben und in den Bräter rühren. Alles mit Mehl bestäuben, 1 Minute weiterrösten, mit Fleischbrühe und Apfelsaft aufgießen.

**5** Die Keule in den Bräter geben und im Backofen etwa 1 1/2 Stunden braten. Derweil mehrmals wenden und esslöffelweise mit Rotwein beträufeln.

**6** Die Pilze putzen und etwas kleiner schneiden. Petersilie waschen, trockenschwenken, die Blätter von den Stängeln zupfen und fein hacken.

**7** Sobald das Fleisch gar ist, den Bräter auf den Herd stellen. Das Fleisch heraus nehmen, in Alufolie wickeln und im ausgeschalteten Ofen ruhen lassen. Bratensatz mit restlichem Rotwein und 1/8 Liter Wasser loskochen. Sauce durch ein Sieb passieren

**8** Die Butter in einem Topf heiß schäumend erhitzen und darin die Pilze kurz andünsten. Mit der passierten Sauce und Sahne aufgießen. Nach dem ersten Aufkochen abschmecken, beiseite ziehen, die Petersilie unterschwenken. Das Fleisch vom Knochen und in Portionsstücke schneiden. Bratensaft aus der Folie in die Sauce rühren. Die Sauce getrennt zum Fleisch servieren.

**Zubereitungszeit: 2 Stunden**

# Geschmortes Kaninchen mit Chilisauce

## Scharfe Sache

**1** Die Kaninchenteile unter fließendem kaltem Wasser waschen und mit Küchenpapier trockentupfen. Rundherum mit Salz, Pfeffer und Chilipulver würzen und mit Senf bestreichen. Den Backofen auf 200 °C (Umluft 180 °C) vorheizen.

**2** Die Zwiebeln und Knoblauchzehen abziehen und in Streifen schneiden. Chilischote waschen, entkernen und klein würfeln. Die Möhren schälen und in kleine Stücke schneiden.

**3** Die Hälfte des Pflanzenöls in einem Bräter erhitzen und darin die Kaninchenteile von allen Seiten anbraten; herausnehmen und auf einen Teller legen. Restliches Pflanzenöl eingießen und darin Zwiebeln, Knoblauch, Chili und Möhren anbraten.

**4** Den Bräterinhalt mit Zucker und Tomatenmark verrühren und alles 2 Minuten durchbraten. Mit Weißwein und Gemüsebrühe aufgießen und aufkochen. Die Kaninchenteile in den Bräter geben und mit Flüssigkeit übergießen.

**5** Den Bräter mit einem Deckel oder Alufolie verschließen und in den vorgeheizten Ofen schieben. Während der 1-stündigen Garzeit die Kaninchenteile zwei- bis dreimal wenden und dabei mit der Schmorflüssigkeit übergießen.

**6** Kurz vor Ende der Garzeit den Grill im Ofen zuschalten. Deckel oder Alufolie vom Bräter entfernen und die Hälfte der Chilisauce über die Kaninchenteile geben. Das Fleisch etwa 10 Minuten offen unter dem Grill braten lassen.

**7** Sobald das Fleisch gar ist, den Bräter auf den Herd stellen. Die fertigen Kaninchenteile aus dem Bräter nehmen, in Alufolie wickeln und in den ausgeschalteten Ofen legen. Die Schmorflüssigkeit im Bräter mit etwa 100 Milliliter Wasser aufkochen.

**8** Die Sauce durch ein Sieb passieren und mit der restlichen Chilisauce verrühren. Nach Bedarf abschmecken und nach Belieben Petersilie einrühren. Die Kaninchenteile auf Teller verteilen und mit Sauce überziehen.

**Zubereitungszeit: 1 ½ Stunden**

**Für 4 Portionen**

- 1 zerlegtes, küchenfertiges Kaninchen von etwa 1,5 kg (Keulen, Rippenstücke, Vorderläufe)
- Salz, schwarzer Pfeffer
- 1 Prise Chilipulver
- 1 EL scharfer Senf
- 2 Zwiebeln
- 2 Knoblauchzehen
- 1 frische Chilischote
- 2 kleine Möhren
- 5 EL Pflanzenöl
- 1 TL Zucker
- 1 EL Tomatenmark
- ¼ l trockener Weiswein (ersatzweise Sherry Fino)
- ½ l Gemüsebrühe
- ¼ l chinesische Chilisauce

**Nach Belieben:**

- 2 EL frisch gehackte Petersilie

### Profitipp:

*Sie können die Sauce nach Gusto mit Crème fraîche, Crème double oder Crème légère sahniger zubereiten. Oder Sie erhöhen die Schärfe mit zusätzlicher Chilisauce oder Chilipfeffer. Gehacktes Koriandergrün und – als Garnitur – frische Litschis oder Mangospalten erhöhen den asiatischen Touch.*

### Beilagenempfehlung:

*Duftreis, Klebreis, einfach alle Reissorten, aber kein cremiger Risotto. Asiatische Eiernudeln oder Glasnudeln, aber auch ein Kartoffelpüree mit Erbsen, Senf oder mit viel Butter passen gut dazu.*

### Weinempfehlung:

*Sehr gut gekühlter Sherry Fino aus Jerez de la Frontera.*

### Wenn ein Rest bleibt:

*Das Kaninchenfleisch von den Knochen lösen und in kleine Stücke oder Streifen schneiden. Da die Grundwürzung bereits in die asiatische Richtung weist, passt das restliche Fleisch wunderbar in ein Wokgericht. Dazu Sojabohnensprossen, grüne Bohnen, Mu-Err-Pilze und Maiskölbchen im Wok anschwenken. Die Fleischstreifen unterziehen und alles mit Sojasauce, Pfeffer und Curry würzen.*

# Frischlingsrücken mit Feigensauce

## Wildschwein vom Feinsten

### Profitipp:

*Für dieses Gericht eignet sich auch Elch- oder Hirschfleisch. Elchfleisch ist ein wahre Delikatesse!*
*Die Sauce kann alternativ statt mit Feigen auch mit Holunderbeeren, Johannisbeeren oder gemischten Beeren zubereitet werden.*

### Beilagenempfehlung:

*Frische Feigen, in Viertel geschnitten, Kartoffelschmarrn, Blumenkohl mit Semmelbröseln, Blattspinat, Rosenkohl oder Grünkohl, Kartoffelklöße (Seite 142)*

### Weinempfehlung:

*Ein Samtrot aus Württemberg*

### Wenn ein Rest bleibt:

*In einem Bräter Zwiebel- und Knoblauchwürfel in Pflanzenöl andünsten. 250 Gramm Langkornreis und 1 Döschen gemahlenen Safran einstreuen und alles mit 600 Milliliter Gemüsebrühe aufgießen. Mit Salz, Pfeffer, Knoblauch, Chili und Thymian würzen. Feinste Streifen vom restlichen Frischlingsbraten einrühren, den Bräter in den vorgeheizten Backofen schieben (200 °C, Umluft 180 °C) und alles in 40 Minuten garen. Nach Belieben in den letzten 10 Minuten 250 Gramm geschälte, rohe Garnelen untermischen.*

**Für 5 Portionen**

**1 Frischlingsrücken mit Knochen von 1,5 bis 2 kg (oder 1 kg Fleisch ohne Knochen, das sind etwa 2 Rückenstränge)**
**2 Zwiebeln**
**1 Knoblauchzehe**
**5 Wacholderbeeren**
**10 schwarze Pfefferkörner**
**2 Lorbeerblätter**
**1 l trockener Rotwein**
**Salz**
**1 TL getrockneter Thymian**
**1 EL Feigensenf**
**4 EL Pflanzenöl**
**2 EL Wacholderschnaps (Gin)**
**1/4 l Wildfond (aus dem Glas)**
**200 g Sahne**
**50 g Feigengelee**
**200 g grüne Feigen (aus der Dose)**

**Außerdem:**
**gehobelte Haselnüsse, in karamellisierter Butter geschwenkt**

**1** Das Fleischstück unter fließendem kaltem Wasser waschen und mit Küchenpapier trockentupfen. Zwiebeln und Knoblauch abziehen und in Streifen schneiden. Den Frischlingsrücken in eine Form legen, mit Zwiebeln, Knoblauch, Wacholderbeeren, Pfefferkörnern und Lorbeerblättern bestreuen. Mit Rotwein begießen, abdecken und für mindestens 1 Tag im Kühlschrank ziehen lassen.

**2** Den Backofen auf 220 °C (Umluft 200 °C) vorheizen. Das Fleisch aus der Marinade nehmen und mit Küchenpapier trockentupfen. Rundherum mit Salz sowie Thymian würzen und mit Feigensenf bestreichen. Das Öl in einem Bräter erhitzen und darin den Frischlingsrücken auf beiden Seiten anbraten.

**3** Den Bräter in den Ofen schieben und das Fleisch unter mehrmaligem Wenden in etwa 1 1/2 Stunden braten. Zwischendurch mehrfach mit dem ausgetretenen Bratensaft begießen.

**4** Sobald der Braten fertig ist, den Bräter auf den Herd stellen. Den Braten in Alufolie wickeln und im ausgeschalteten Backofen ruhen lassen.

**5** Den Bratensatz mit etwas Wacholderschnaps und mit Wildfond loskochen. Die Sauce durch ein Sieb passieren und mit Sahne verfeinern.

**6** Den Braten aus der Folie nehmen, den entstandenen Bratensaft in die Sauce rühren, und das Fleisch aufschneiden. Das Feigengelee in die Sauce rühren und die Feigen – nach Belieben vorher halbieren oder vierteln – unterschwenken. Die Fleischscheiben löffelweise mit der Feigensauce überziehen. Üppig mit den in Butter geschwenkten Haselnüssen garnieren.

**Zubereitungszeit: 2 Stunden + Marinierzeit: mindestens 1 Tag**

# Geflügel – beflügelte Phantasie für Köche und Feinschmecker

**E**s gibt zweierlei Arten der geflügelten Zweibeiner: Haus- und Hofgeflügel und Wildgeflügel. Zur ersten Sorte gehören *Huhn*, *Ente*, *Gans*, *Taube* und *Truthahn*. Zur „wilden" Sorte gehören *Rebhuhn*, *Wachtel*, *Fasan*, *Perlhuhn*, *Moorhuhn* und *Wildente*.

In der internationalen Beliebtheit stehen Huhn und Truthahn (Pute) an oberster Stelle, dicht gefolgt von Ente und Gans, die jedoch auch wegen ihrer Lebern, wie „Foie gras", Gänsestopfleber, gezüchtet werden.

Das helle, zarte und vor allem magere Hühner- und Putenfleisch, die unkomplizierte Handhabung von portionierten Fleischteilen, die schnellen Garzeiten, die günstigen Angebote und vor allem die vielfältigen Zubereitungsmöglichkeiten sind die besten Argumente für den Verzehr von Geflügelfleisch. Es liefert reichlich Eiweiß und Vitamine, ist gut bekömmlich und leicht verdaulich. Der Fettgehalt ist allerdings abhängig von der jeweiligen Geflügelsorte, Gans und Ente sind wesentlich fetthaltiger als Huhn und Pute. Bei Verbrauchern steht das weiße, zarte Brustfleisch wesentlich höher im Kurs, als das dunklere Schenkelfleisch. Es mag auch der Grund sein, warum küchenfertige Teile, oft ohne Knochen, als Schnitzel oder Filet, besser verkäuflich sind, als ganze Tiere. Besonders ein Truthahn mit einem Gewicht von mehreren Kilos wird nur für spezielle Feiertage im Ganzen verkauft.

Wenn Sie ein ganzes Hähnchen, eine Ente oder auch Gans kaufen, frisch oder tiefgefroren, so sollten Sie dieses bis zur Zubereitung so im Kühlschrank aufbewahren, dass das Geflügel nicht in (Auftau-)Flüssigkeit liegt. Am besten gut abgedecken und auf einen umgedrehten Teller legen, damit der Saft ablaufen kann. Achtung: Wegen der hohen Salmonellengefahr sollte Geflügelfleisch niemals roh verzehrt werden und immer vollständig durchgegart sein.

**Stubenküken** – die kleinsten unter den Hähnchen und Hühnchen, Gewicht unter 750 g. Angeboten werden sie fast ausschließlich in speziellen Fachgeschäften und in der gehobenen Gastronomie.
**Hahn/Huhn** – fünf bis sechs Wochen altes Tier vor der Geschlechtsreife, Gewicht ab 800 g. Egal welchen Geschlechts – in diesem Stadium nennt man sie Masthähnchen oder -hühnchen. Beliebt für Brathähnchen/-hühnchen. Die Handelsklassen A und B kennzeichnen die Handelsqualität.

Die besten Hähnchen, *Poulet de Bresse,* kommen aus der französischen Region Bresse. Aber auch die bei uns aus Bresse-Küken gezüchteten Tiere dürfen sich so nennen.

**Poularde** – offiziell existiert dieser Begriff seit 1992 nicht mehr. Gemästetes Hähnchen ab 1,2 kg Gewicht.

**Kapaun** – bis zu 3 kg schwere Hähne, noch vor der Geschlechtsreife kastriert. In der Mastdauer von sieben bis acht Monaten erreichen sie teils die doppelte Größe nicht kastrierter Hähne. Wohlschmeckendes, saftiges Fleisch. In Fachgeschäften erhältlich.

**Suppenhuhn** – wird nach 12 bis 15 Monaten des Eierlegens für eine gute Suppe gekauft. Weniger geeignet zum Braten; das 1,2 bis 2,5 kg schwere Huhn ist nicht mehr so zart und saftig wie junger Hühner.

**Baby-Pute** – nach drei Monaten Mastzeit mit 2 bis 3 kg im Angebot. Das Fleisch ist in dem Wachstumsstadium besonders zart und daher empfehlenswert.

**Pute** – Truthähne und -hennen mit einem Schlachtgewicht bis zu 18 kg. Für normale Backöfen zu groß, daher kommen die etwa vier Monate alten Tiere zerlegt als Ober- und Unterkeulen, ganze Keulen, Flügel, Brüste, Filets und Rollbraten in den Handel.

**Gans** – Von Oktober bis Januar frisch im Angebot. Frühmastgänse werden im Alter von etwa 10 Wochen mit einem Gewicht von 2 bis 3 kg angeboten. Fleischigere Jungmastgänge mit 4,5 bis 5 kg.

**Ente** – würziger Erpel oder lieber saftige Ente? Vielleicht eine der besten aus der Barbarie oder eine Flugente? Wofür Sie sich auch entscheiden: Die Brust ist das beste Stück! Frühmastenten sind nicht älter als neun Wochen, Jungenten bis zu acht Monate. Was älter ist, kann etwas tranig schmecken.

**Fasan** – wann immer sich die Gelegenheit bietet, den bekanntesten Vertreter der Wildgeflügel zu probieren: Tun Sie es! Aber nur in Top-Qualität, frisch vom Jäger oder aus dem Wildfachhandel. Gezüchtete Fasane gibt es ganzjährig, aber sie haben eben keinen Waldboden gesehen. Das magere Fleisch neigt beim Braten zur Trockenheit, deshalb wird immer mit Speck gearbeitet.

**Rebhuhn** – gezüchtete und wild lebende kleine, wohlschmeckende Vögel, mit einem küchenfertigen Gewicht von 200 bis 300 g. Das dunkle, würzige Fleisch muss durch viel Flüssigkeit und Fett (Speck) saftig gehalten werden.

**Taube** – junge, bis zu vier Wochen alten Tiere mit feinfaserigem Fleisch schmecken am besten. Als Wild- oder Zuchttauben im Angebot. Für besondere Festtage allemal ein (Fest)Schmaus!

**Perlhuhn** – Fasanenart aus Westafrika, bei uns wie normales Geflügel gezüchtet. Das ideale Schlachtalter beträgt drei Monate, bei einem Gewicht von über 1 kg. Das Fleisch ist zart und saftig, aber etwas teuer.

**Wachtel** – zarter, bis zu sechs Wochen alter Vogel, nur noch aus der Zucht, mit einem küchenfertigen Gewicht von 120 bis 150 g. Am besten gefüllt oder schonend gebraten.

Infos zu Qualitätsmerkmalen bei Geflügel, empfohlene Brattemperaturen und Würzempfehlungen finden Sie auf Seite 10.

# Maispoularde im Olivenhain

## Schmurgelnd im Römertopf

**Profitipp:**
*Für „Backofengenießer" ist der Römertopf eine feine Sache. Zusätzliches Fett ist nicht nötig, weil der eigene Saft des Garguts ausreicht und der Geschmack vollendet zur Geltung kommt.*

**Beilagenempfehlung:**
*Als Beilage eignen sich Bratkartoffeln, gemischte Blattsalate und viel knuspriges Baguette. Aber auch Butterreis oder Kartoffelkroketten schmecken gut dazu.*

**Weinempfehlung:**
*Um in Italien und beim Wein, der zum Kochen verwendet wurde zu bleiben, ein trockener Weißwein aus dem Piemont*

**Wenn ein Rest bleibt:**
*Italienischer Geflügelsalat: Bratenreste enthäuten, in mundgerechte Stücke schneiden und mit klein geschnittenen getrockneten Tomaten, Oliven, einer in feine Ringe geschnittenen roten Zwiebel und einigen Kapern vermischen. Mit Zitronensaft und frisch gemahlenem Pfeffer würzen und mit Olivenöl beträufelt zu Weißbrot servieren.*
*Geflügel-Sandwich: Die Fleischreste und ein bis zwei Sardellenfilets fein hacken. Aus Mayonnaise, Zitronensaft, einem Schuss Worcestershire-Sauce und etwas Senf eine cremige Sauce rühren, das Fleisch untermischen. Die Geflügelmayonnaise auf getostetem Brot, mit einigen Salatblättern garniert, servieren.*

**Für 4 Portionen**

- 1 Maispoularde von 1,2 bis 1,4 kg
- Salz, schwarzer Pfeffer
- 1 frischer Thymianzweig
- 2 Zwiebeln
- 4 EL Olivenöl
- 200 g grüne Oliven
- 1/4 l trockener Weißwein (z.B. Gavi di Gavi)
- 1 EL Tomatenmark
- 200 g Sahne
- 1 Schuss Worcestershire-Sauce

**Außerdem:**

- 1 Römertopf

**1** Den Römertopf mindestens über Nacht, am besten 24 Stunden wässern.

**2** Die Maispoularde unter fließendem kaltem Wasser innen und außen gründlich abspülen und mit Küchenpapier trockentupfen. Mit Salz und Pfeffer innen und außen einreiben. Den Thymianzweig waschen, trockenschwenken und in den Bauchraum geben.

**3** Die Zwiebeln abziehen, halbieren und in feinste Streifen schneiden. Das Olivenöl in einer Pfanne erhitzen und die Zwiebelstreifen 4 bis 5 Minuten darin dünsten. Den Pfanneninhalt auf dem Boden des Römertopfes verteilen.

**4** Die Oliven entsteinen und grob stückeln. Die Poularde in den Römertopf geben, rundherum die Oliven legen und den Weißwein seitlich eingießen. Den Römertopf mit dem Deckel verschließen und in den kalten (!) Ofen schieben. Die Temperatur auf 220 °C (Umluft 200° C) stellen und die Maispoularde in etwa 1 Stunde und 40 Minuten garen.

**5** Den Römertopf aus dem Backofen nehmen, die Poularde auf ein Backblech geben und zum Bräunen 10 bis 15 Minuten in den Backofen zurückschieben. Zwiebeln und Oliven auf einer vorgewärmten Servierplatte legen.

**6** Den Bratenfond in einen kleinen Topf gießen und 2 Minuten offen kochen lassen. Mit Tomatenmark und Sahne verrühren. Die Sauce mit Salz, Pfeffer und Worcestershire-Sauce abschmecken.

**7** Die Maispoularde längs halbieren und jede Hälfte in zwei Stücke schneiden. Auf den Oliven servieren und die Sauce getrennt dazu reichen.

**Zubereitungszeit: 2 Stunden + Wässerungszeit für den Römertopf: bis zu 1 Tag**

# Putenkeulen im süß-sauren Obstgarten

## Asiatisch-fruchtiger Genuss

**Profitipp:**

*Rechnen Sie damit, dass die Knochen etwa ein Drittel des Gesamtgewichts ausmachen!*

**Beilagenempfehlung:**

*Dazu unbedingt blanchierten Pak-Choi, chinesischen Senfkohl, servieren: Die würzigen, dunkelgrünen Blätter in Streifen schneiden und roh mit Vinaigrette als Salat oder wie Spinat, kurz blanchiert, mit Salz und Pfeffer gewürzt und in Butter geschwenkt, als Gemüse servieren. Und natürlich passt Reis dazu!*

**Weinempfehlung:**

*Ein gut gekühlter weißer Süßwein, wie beispielsweise den Muscat de Rivesaltes aus der französischen Weinregion Roussillon*

**Wenn ein Rest bleibt:**

*Puten-Wraps: Dazu das Fleisch von den Knochen lösen und klein schneiden. Auf fertige Weizenmehl-Tortillas, die im Backofen oder in der Mikrowelle kurz erwärmt werden, Avocadocreme streichen. Dazu 1 sehr reife Avocado mit 100 Gramm saurer Sahne, etwas Zitronensaft, Chiligewürz, Salz und Pfeffer pürieren. In feine Streifen geschnittenen Eisbergsalat sowie das Putenfleisch breitflächig darüber streuen und die Tortillas aufrollen. Diese am besten zur Hälfte in Alufolie oder in eine Serviette hüllen, um sie besser und kleckerfrei aus der Hand essen zu können.*

**Für 6 bis 8 Portionen**

- 1 Putenoberkeule (etwa 1 kg)
- 1 Putenunterkeule (etwa 1 kg)
- 2 EL Honig
- 4 EL Reisweinessig
- 2 EL Sojasauce
- 2 EL Chilisauce for Chicken (im Asialaden erhältlich)
- 1 Bund Suppengrün (Lauch, Möhre, Sellerie)
- 1 cm frische Ingwerwurzel
- 1 Knoblauchzehe
- 5 EL Pflanzenöl
- Salz, schwarzer Pfeffer
- 1/2 l Hühnerbrühe
- 1 kleine Dose Fruchtcocktail (Mango, Litschi, Ananas, etwa 260 g Abtropfgewicht)
- 4 cl Süßwein (siehe Weinempfehlung)
- 2 EL Tomatenketchup
- 1 Prise Chiligewürz
- 1 TL Maisstärke

**1** Die Putenkeulen unter fließendem kaltem Wasser abspülen und trockentupfen. Honig, Reisweinessig, Sojasauce und Chilisauce miteinander verrühren und die Keulen damit rundum bestreichen. Abgedeckt für mindestens 2 Stunden in den Kühlschrank stellen.

**2** Das Suppengemüse säubern, den Lauch längs aufschneiden und zwischen den Blattschichten waschen. Möhre und Sellerie schälen. Die Hälfte von Lauch und Möhre in feinste Streifen schneiden und vorerst in den Kühlschrank geben. Das restliche Gemüse grob zerkleinern. Ingwer schälen, Knoblauch abziehen und beides klein schneiden.

**3** Den Backofen auf 200 °C (Umluft 180 °C) vorheizen. In einem Bräter auf dem Herd 3 Esslöffel Öl erhitzen. Die Putenkeulen salzen, pfeffern und darin rundherum anbraten, dabei das Gemüse einstreuen.

**4** Die restliche Marinade und die Hühnerbrühe seitlich in den Bräter gießen. Nach dem ersten Aufkochen den Bräter in den Backofen stellen und die Putenkeulen in etwa 80 Minuten braten. Währenddessen die Putenkeulen mehrmals wenden.

**5** Die fertigen Putenkeulen aus dem Bräter nehmen und in Alufolie wickeln. Den Bratensatz mit etwa 100 Milliliter Wasser loskochen und durch ein Sieb passieren. Die Dosenfrüchte in einem Sieb abtropfen lassen.

**6** In einem breiten Topf das restliche Öl erhitzen und darin die kühl gestellten Lauch- und Möhrenstreifen andünsten. Mit Süßwein ablöschen und mit Tomatenketchup sowie dem passierten Bratenfond aufgießen. Einige Minuten offen kochen lassen, mit Chiligewürz würzen und erst dann die Früchte einrühren. Die Maisstärke mit 1 Esslöffel Wasser glatt rühren und unterziehen.

**7** Die Putenkeulen aus der Folie nehmen, den entstandenen Bratensaft in die Sauce rühren, und das Fleisch vom Knochen schneiden. Die Sauce abschmecken und getrennt dazu servieren.

**Zubereitungszeit: 1 1/2 Stunden + Marinierzeit: 2 Stunden**

# Schmorhuhn mit zwei Knoblauchknollen

## Französisch delikat

**1** Den Römertopf mindestens über Nacht, am besten 24 Stunden wässern.

**2** Die Kräuter waschen, trockenschwenken und auf dem Boden des Römertopfes verteilen. Den Sellerie waschen, nach Bedarf entfädeln und klein schneiden. Das Hähnchen innen und außen unter fließendem kaltem Wasser waschen und mit Küchenpapier trockentupfen. Mit Salz und Pfeffer rundherum würzen.

**3** Das Hähnchen mit dem Sellerie füllen und auf den „Kräuterboden" setzen. Die Knoblauchknollen in Zehen zerteilen und diese ungeschält um das Hähnchen verteilen.

**4** Das Olivenöl mit Zitronenschale verrühren und den Inhalt des Römertopfes damit beträufeln. Den Römertopf mit dem Deckel verschließen und in den kalten (!) Backofen schieben. Die Temperatur auf 220 °C (Umluft 200 °C) stellen und das Hähnchen etwa 1 ¼ Stunden garen lassen.

**5** Den Römertopf aus dem Ofen nehmen. Die Baguettescheiben auf einem Backblech kurz zum Rösten in den Backofen schieben.

**6** Das Hähnchen in Portionsstücke zerteilen und auf Teller verteilen. Die Knoblauchzehen jeweils dazulegen, damit sich jeder das warme Knoblauchmus aus der Schale auf geröstetes Baguette streichen kann.

**Zubereitungszeit: 1 ½ Stunden + Wässerungszeit für den Römertopf: bis zu 1 Tag**

**Für 4 Portionen**

- 1 Bund frische Kräuter (Petersilie, Thymian, Rosmarin, Liebstöckel etc.)
- 1 Stange Staudensellerie
- 1 küchenfertiges Hähnchen von etwa 1,2 kg
- Salz, schwarzer Pfeffer
- 2 Knoblauchknollen
- 4 EL Olivenöl
- abgeriebene Schale von ¼ unbehandelter Zitrone

**Außerdem:**

- 1 Römertopf
- 1 Baguette, in Scheiben geschnitten

### Profitipp:

*Im geschlossenen Bräter im Ofen funktioniert dieses Rezept genauso gut. Man muss nur darauf achten, dass der Deckel gut schließt. Profiköche bereiten einen Teig aus Mehl und Wasser zu, mit dem sie den Deckel luftdicht am Topf verkleben. Und keine Angst vor dem vielen Knoblauch, er übertüncht den Geschmack dieses Gerichts nicht, weil die Zehen gut verpackt sind. Sie können aber auch gerne nur 1 Knolle verwenden, ganz nach Belieben.*

### Beilagenempfehlung:

*Gemischtes, gegrilltes Gemüse vom Backblech, getrocknete, in Olivenöl eingelegte Tomaten, Zucchinipuffer, Reissalat, gemischte Salate, Bratkartoffeln*

### Weinempfehlung:

*Müller-Thurgau aus Saale-Unstrut*

### Wenn ein Rest bleibt:

*Hähnchen-Nuss-Paste: Das Fleisch von Knochen und Häuten befreien und klein würfeln. Das Mus von 3 Knoblauchzehen mit 4 Esslöffeln Olivenöl, 1 Esslöffel Tomatenmark und 1 Esslöffel gehackter Petersilie mischen. Fleisch, Knoblauchpaste, 100 Gramm fein gehackte Wal- oder Haselnüsse, 2 Scheiben Weißbrot (gerieben) und 150 Gramm Naturjoghurt im Küchenmixer pürieren. Mit Salz, Pfeffer und edelsüßem Paprika würzen. Dazu passen Paprika- und Gurkenstifte zum Dippen.*

# Peking-Ente mit Hofstaat

## Einfach chinesisch genießen

*Die original „Buck ging ngap“, Ente nach Peking-Art, ergibt drei Gänge: Zuerst wird die in Streifen geschnittene knusprige Haut auf Pfannkuchen mit einem Saucendip serviert. Als zweiter Gang folgt das gebratene Entenfleisch (ohne Haut) mit Pfannkuchen, Lauch und Gurken. Zum Schluss wird eine Entensuppe gereicht, die aus dem fleischlosen Gerippe (Karkasse) gekocht wurde. Diesen Gang kann man jedoch im Normalfall nicht abwarten, zu lange köcheln die Knochen vor sich hin …*

**Profitipp:**

*Die Vorbereitung der Enten für die traditionelle Peking-Ente ist in China aufwändig: Mit dunklem Malzessig und Zucker dick bestrichen, werden sie tagelang zum Trocknen in spezielle Räume gehängt. Sie können es einfacher haben: Die Ente mit flüssigem Malzzucker bestreichen und für einen Tag in den Kühlschrank legen. Der gut eingezogene dunkle und würzige Zucker trocknet und zieht in das Entenfleisch ein. Beim Braten ergibt das die schöne dunkle Farbe, aber auch den typisch süßlich-würzigen Geschmack.*

**Beilagenempfehlung:**

*Frisch gehobelter Ingwer, verschiedene chinesische Fertigsaucen und nach Belieben Reis*

**Weinempfehlung:**

*Halbtrockener Rheinhessen Riesling oder ein milder Dornfelder aus der Pfalz*

**Für 4 Portionen**

1 küchenfertige Ente (2,5 kg)
Salz
2 EL flüssiger Honig

**Für die Fladen:**

150 g Mehl
1 EL Sesamöl
Mehl für die Arbeitsfläche
Öl zum Backen der Fladen

**Außerdem:**

1 Stange Lauch (oder 1 Bund Frühlingszwiebeln)
1/2 Salatgurke
1 Flasche Hoisin-Sauce (im Asienladen erhältlich)

**1** Den Backofen auf 200 °C (Umluft 180 °C) vorheizen. Die Ente innen und außen unter fließendem kaltem Wasser abwaschen und mit Küchenpapier trockentupfen. Anschließend innen und außen mit Salz einreiben.

**2** Den Honig mit 3 Esslöffeln warmem Wasser glatt rühren. Die Ente in den vorgeheizten Backofen (mittlere Schiene) auf einen Gitterrost mit untergeschobener Fettpfanne legen und etwa 1 1/2 Stunden braten. Dabei einige Male wenden und mehrmals mit dem Honigwasser einpinseln. Dadurch wird die Haut schön knusprig und bekommt eine goldbraune Farbe.

**3** Inzwischen für die Fladen das Mehl mit 75 Milliliter Wasser und dem Sesamöl zu einem geschmeidigen Teig verkneten. Kurz ruhen lassen. Den Teig in 12 Portionen teilen und auf einer bemehlten Arbeitsfläche zu dünnen Fladen auswellen.

**4** Etwas Öl in einer Pfanne erhitzen und die Fladen darin portionsweise backen. Sie sollen blass mit einigen dunklen Flecken sein. Fertige Fladen in Alufolie stapeln und darin einwickeln.

**5** Den Lauch längs halbieren, zwischen den Blattschichten waschen und quer in feinste Streifen schneiden. Die Gurke schälen, längs halbieren, entkernen und in Stäbchen schneiden. Jeweils in eine kleine Schüssel geben.

**6** Die knusprige Ente aus dem Backofen nehmen und kurz ruhen lassen. Das Fleisch in dünne Scheibchen schneiden. Alle vorbereiteten Zutaten auf den Tisch stellen, so dass sich jeder nach Belieben bedienen kann.

**Zubereitungszeit: 1 3/4 Stunden**

# Gebratener Truthahn für Thanksgiving

## Erntedank-Schmaus nach amerikanischer Art

*Für die „Pilgrims", Zuwanderer, welche die „Neue Welt" besiedelten, waren freilaufende Truthähne während ihrer langen Wanderschaften überlebenswichtig. Seit 1621 gibt es traditionell zur Danksagung an ihre erste Ernte jeweils am letzten Donnerstag im November Truthahn und Süßkartoffeln.*

**Profitipp:**
*Statt des Küchentuchs halten auch Speckscheiben das Fleisch saftig.*

**Beilagenempfehlung:**
*Süßkartoffelauflauf: Etwa 1 Kilogramm Süßkartoffeln (Bataten, Bioladen) schälen, in etwa 1 Zentimeter große Würfel schneiden und in Salzwasser 10 Minuten kochen. Abgießen, in eine gebutterte Form geben, mit Salz, Pfeffer sowie 1 Esslöffel braunem Zucker vermischen und im Backofen gratinieren.*

**Weinempfehlung:**
*Ein kräftiger Burgund weiß z.B. Meursault oder ein leichter roter Côtes du Rhône*

**Wenn ein Rest bleibt:**
*Bunter Salat: Fleisch von Knochen und Häuten befreien, grob würfeln. Champignons vierteln, Bananenscheiben und Ananasstücke mit etwas Saft untermischen. Eine Mayonnaise – mit Currypulver, Salz, Pfeffer, Chiligewürz, Kurkuma und etwas Zitronensaft gewürzt – mit den Salatzutaten mischen. Mit frischem Koriandergrün oder Petersilie garniert zu Walnussbrot reichen.*

**Für 6 Portionen**

- 1 küchenfertiger Truthahn von etwa 5 kg
- Salz, schwarzer Pfeffer
- 2 Bund gemischte Kräuter (Petersilie, Kerbel, Thymian)
- 100 g flüssige Butter
- 1/4 l trockener Sherry (Fino)
- 1/4 l Hühnerbrühe (Instant)
- 150 g Kräuter-Crème-fraîche

**Außerdem:**

- Küchengarn
- 1 Küchentuch

**1** Den Backofen auf 220 °C (Umluft 200 °C) vorheizen. Den Truthahn innen und außen unter fließendem kaltem Wasser abspülen und mit Küchenpapier trockentupfen. Den Truthahn innen und außen salzen und pfeffern.

**2** Die Kräuter waschen und einen Bund davon tropfnass auf einem Backblech verteilen. Den zweiten Bund in den Truthahn geben. Mit Küchengarn die Keulen zusammenbinden, damit der Truthahn während des Bratens in Form bleibt.

**3** Den Truthahn mit flüssiger Butter bepinseln und auf das Kräuterbett setzen. Das Küchentuch in kaltes Wasser tauchen und tropfnass über den Vogel geben.

**4** Das Backblech auf die unterste Schiene in den vorgeheizten Backofen schieben und den Truthahn insgesamt etwa 2 1/2 Stunden garen. Während dieser Zeit das Küchentuch drei- bis viermal erneut wässern und wieder auflegen, damit das Truthahnfleisch schön saftig bleibt.

**5** Den Truthahn vom Backblech nehmen, das Tuch entfernen und den Vogel dick mit Butter bepinseln. Zum Bräunen nochmals für 30 Minuten in den Ofen geben, dabei zwei- bis dreimal wenden.

**6** Den Bratensatz vom Backblech mit Sherry und Hühnerbrühe lösen. Die Sauce durch ein Sieb in einen Topf gießen und auf dem Herd einige Minuten offen kochen lassen. Nach Bedarf nachwürzen und mit Kräuter-Crème-fraîche verfeinern.

**7** Den Truthahn aus dem Ofen nehmen, 5 Minuten ruhen lassen und erst dann seitlich die Truthahnkeulen abschneiden. Mit einer Geflügelschere Brust und Rücken in der Mitte zerteilen, so dass zwei Hälften entstehen. Die Hälften in kleinere Stücke schneiden und alles auf einer Servierplatte anrichten. Die Sauce separat dazu reichen.

**Zubereitungszeit: 3 Stunden**

# Ente
# à la orange

## Ententanz auf Französisch

**1** Die Ente innen und außen unter fließendem kaltem Wasser gründlich waschen und mit Küchenpapier trockentupfen. Innen und außen mit Salz und Pfeffer würzen. Den Thymianzweig waschen und in die Bauchhöhle der Ente geben.

**2** Das Entenklein unter fließendem kaltem Wasser waschen. Das Suppengrün waschen und grob zerschneiden. Suppengrün und Innereien in einem Topf mit etwa 1 ½ Liter kaltem Wasser, 1 Prise Salz und Pfefferkörnern zum Kochen aufsetzen. Nach dem ersten Aufkochen die Hitzezufuhr reduzieren und alles etwa 40 Minuten leise kochen lassen.

**3** Den Backofen auf 200 °C (Umluft 180 °C) vorheizen. In einem Bräter das Pflanzenöl erhitzen und die Ente darin von allen Seiten anbraten. Den Bräter in den vorgeheizten Backofen schieben und die Ente etwa 1 Stunde braten. Zwischendurch mehrmals wenden und mit etwas Entenbrühe rundherum beträufeln.

**4** Die Orangen heiß abwaschen und mit Küchenpapier abtrocknen. Eine Orange mit Würfelzucker fest abreiben. Von der zweiten Orange mit einem Zestenreißer feinste Streifen abziehen. Diese in kochendem Wasser kurz blanchieren, kalt abschrecken und abtropfen lassen. Aus beiden Orangen den Saft auspressen.

**5** Die Entenbrühe durch ein Sieb gießen und etwa ¼ Liter davon beiseite stellen. Die fertige Ente aus dem Bräter nehmen, in Alufolie wickeln und warmstellen. Den Bräter auf den Herd stellen, den Bratensatz mit der abgemessenen Entenbrühe loskochen und anschließend durch ein Sieb gießen.

**6** In einem Topf den Zucker, den aromatisierten Würfelzucker und den Sherryessig verrühren. Mit Orangensaft, Bratenfond, Portwein und Orangenlikör aufgießen. Die Speisestärke mit 2 Esslöffeln Wasser glatt rühren und die Sauce damit binden. Abschmecken, nicht mehr kochen und die Orangenschalenstreifen einrühren.

**7** Die Ente tranchieren und die Portionsstücke auf einer Servierplatte anrichten. Die Sauce separat dazu reichen.

**Zubereitungszeit: 1 ¾ Stunden**

**Für 4 Portionen**

- 1 küchenfertige Barbarie-Ente mit Innereien (Herz, Hals, Flügeln) von etwa 1,5 bis 2 kg
- ½ Bund Suppengrün (Lauch, Möhre, Sellerie, Petersilie)
- Salz, schwarzer Pfeffer
- 4 schwarze Pfefferkörner
- 1 Thymianzweig
- 4 EL Pflanzenöl
- 2 unbehandelte Orangen
- 4 Stück Würfelzucker
- 50 g Zucker
- 2 EL Sherryessig
- 50 ml Portwein
- 5 cl Orangenlikör (z.B. Cointreau)
- 1 TL Speisestärke

### Profitipp:

*Bratenfonds von Enten und Gänsen sind besonders fettreich. Um sie zu entfetten, auf die Oberläche des Bratenfonds mehrmals ein Blatt Küchenpapier legen und vollgesogen entfernen. Bei erkalteten Fonds aus dem Kühlschrank ist es einfacher, weil man nur die gehärtete Fettplatte von der Oberfläche abnehmen muss.*

*Enten aus der Barbarie sind besonders fein und zeigen sich in den französischen Nationalfarben „Trikolore“: Füße mit stahlblauer Färbung, ein weißes Federkleid ohne braune Schattierung und ein roter Kamm.*

### Beilagenempfehlung:

*Gratinierte Kartoffeln, (Seite 136) Zuckerschoten oder gemischtes Gemüse, gratinierte Gnocchi (siehe Seite 139) oder Kartoffelbrei mit Sellerie*

### Weinempfehlung:

*Beaujolais, z.B. Fleurie*

### Wenn ein Rest bleibt:

*Entenreste von den Knochen lösen, in Streifen schneiden und für ein Wokgericht mit Reis und Gemüse verwenden. Oder das Fleisch mit Feldsalat, Orangenfilets und Fenchelstreifen vermischen und mit einer Vinaigrette anmachen. Ich mache mir damit ein feines Enten-Sandwich mit Chilisauce, Salatstreifen, eingelegten Artischocken und gebratenen Zucchinischeiben.*

# Brathähnchen
# mit Quarkfüllung

## Unbedingt probieren!

### Profitipp:

*Wundern Sie sich nicht darüber, dass einerseits Magerquark, andererseits kalorienträchtige Crème double verwendet werden soll. Das hat etwas mit der Konsistenz zu tun: Der Quark sollte am besten vor der Verwendung in ein Küchentuch gegeben und kräftig ausgepresst werden, damit die Füllung nicht zu flüssig ist und ausläuft. Die Füllung kann mit Erbsen, klein geschnittenem, blanchierten Brokkoli oder würzigen Räucherschinkenwürfeln abgewandelt werden.*

### Beilagenempfehlung:

*Gemüsereis, in Butter geschwenkte Kartoffeln, gemischtes Buttergemüse, glasierte Möhrchen*

### Weinempfehlung:

*Chardonnay aus Kalifornien*

### Wenn ein Rest bleibt:

*Das kalte Fleisch in Streifen schneiden und mit gehobelten Zucchini- und Rote-Bete-Scheiben, Streifen von roten Zwiebeln, Radicchio und frisch gehackten Kräutern vermischen. Den Salat mit einer Sauce aus Naturjoghurt, etwas scharfem Senf, Zitronensaft, Salz, Pfeffer und einer Prise Zucker anmachen.*
*Variante: Die restlichen Scheiben in Mehl wenden, durch eine Mischung aus frisch geriebenem Parmesan, Eiern und ein wenig Milch ziehen. In reichlich Butter braten und auf Tomaten-Spaghetti servieren.*

**Für 4 Portionen**

- 2 Brathähnchen à 700 bis 800 g
- Salz, schwarzer Pfeffer
- edelsüßes Paprikapulver
- 1/2 TL getrockneter Thymian
- 5 Scheiben Weißbrot (Toastbrot)
- 1 Bund gemischte Kräuter (Kerbel, Petersilie, Liebstöckel)
- 1 Ei (Größe L)
- 200 g Magerquark
- 50 g saure Sahne
- 100 g Crème double
- 80 g Butterschmalz
- 1/2 Bund Suppengrün (Lauch, Möhre, Sellerie)
- 1 Zwiebel
- 1 Prise Mehl
- 1/8 l trockener Weißwein
- 1/4 l Hühnerbrühe (Glas)

**Außerdem:**

- Küchengarn

**1** Die Hähnchen längs halbieren und von jeder Hälfte die Knochen so auslösen, dass die Fleischhälften ganz bleiben. Fleisch und Knochen separat gründlich waschen und mit Küchenpapier trockentupfen. Die Hähnchenhälften ringsherum mit Salz, Pfeffer, Paprikapulver und Thymian würzen.
**2** Backofen auf 200 °C (Umluft 180 °C) vorheizen. Weißbrot klein würfeln. Kräuter waschen, trockenschwenken, die Blättchen abzupfen, fein hacken.
**3** Das Ei trennen. Eiweiß zu steifem Schnee schlagen. Eigelb mit Quark, saurer Sahne, 50 Gramm Crème double, den Brotwürfeln und den Kräutern gut vermischen. Mit Salz und Pfeffer würzen.
**4** Zwei Hähnchenhälften mit Quarkmasse bestreichen und jeweils die passende Hähnchenhälfte darauf setzen. Die gefüllten Hähnchen mit Küchengarn umwickeln, so dass die Form erhalten bleibt und die Füllung nicht heraustreten kann.
**5** In einem Bräter 50 Gramm Butterschmalz erhitzen und darin die gefüllten Hähnchen anbraten. Den Bräter auf die mittlere Schiene in den Ofen stellen und die Hähnchen 45 Minuten garen. Mehrmals wenden und mit Bratenfett beträufeln.
**6** Das Suppengemüse waschen und in grobe Stücke schneiden. Die Zwiebel abziehen und vierteln.
**7** Das restliche Butterschmalz in einem Topf erhitzen. Die Hähnchenknochen salzen, pfeffern, mit Mehl bestäuben und darin anbraten. Das Gemüse einstreuen und kurz anbraten lassen. Weißwein und Brühe aufgießen. Nach dem ersten Aufkochen die Temperatur reduzieren und alles bei mittlerer Hitze 20 Minuten offen kochen lassen.
**8** Die Hähnchen aus dem Bräter nehmen, in Alufolie wickeln und 10 Minuten ruhen lassen. Den Topfinhalt durch ein Sieb passieren, die Sauce abschmecken und mit der restlichen Crème double verfeinern. Hähnchen aus der Folie wickeln, den entstandenen Bratensaft in die Sauce rühren. Küchengarn entfernen. Das gefüllte Fleisch in Scheiben schneiden und die Sauce separat dazu servieren.

**Zubereitungszeit: 1 1/2 Stunden**

# Martinsgans mit Kastanien-Apfel-Füllung

## Festbraten mit Tradition

*In keinem Kindergarten und in keiner Schule darf der traditionelle St.-Martins-Umzug fehlen. Die Kinder gehen mit selbst gebastelten Laternen umher und gedenken des heiligen Martins, der einer Legende nach einem frierendem Bettler die Hälfte seines Mantels schenkte. So wurde er zum Schutzheiligen der Armen. Im Jahre 371 wurde er zum Bischof von Tours gewählt. Eine weitere Legende besagt, dass er dieses Amt nicht antreten wollte. Er versteckte sich in einem Gänsestall, doch die schnatternden Gänse verrieten ihn. Angeblich ließ er daraufhin alle Gänse schlachten. St. Martin starb am 8.11.397 in Candes und wurde am 11. November beigesetzt. Dieser Tag wurde zum Martinstag ernannt.*

**Profitipp:**

*Dieses Rezept passt auch zur Kirchweih- oder Weihnachtsgans. Wenn Sie die Gans ohne Füllung braten möchten, geben Sie viele frische Kräuter in den Bauchraum: Gänsefleisch ist fett, doch die Kräuter tragen zur Bekömmlichkeit bei. Probieren Sie mal eine Mischung aus frischem Fenchel, Petersilie, Beifuß, Kerbel und Pimpernelle.*

**Beilagenempfehlung:**

*Kartoffelklöße, Rotkohl, Mischgemüse und Selleriesalat*

**Weinempfehlung:**

*Shiraz aus Südafrika oder Bordeaux aus dem Medoc*

**Für 6 Portionen**

- 750 g Maronen
- 500 g säuerliche Äpfel (z. B. Boskoop)
- Saft von 1/2 Zitrone
- 2 EL Butter
- 1 EL Zucker
- Salz
- 100 ml Hühnerbrühe (Glas)
- 1 küchenfertige Gans von etwa 4 kg
- weißer Pfeffer
- 4 frische Beifußzweige
- 150 ml helles Bier

**Außerdem:**

- Metall- oder Holzspießchen

**1** Den Backofen auf 200 °C (Umluft 180 °C) vorheizen. Maronen auf den Oberflächen kreuzweise einschneiden, auf ein Backblech legen und für etwa 15 Minuten in den vorgeheizten Backofen schieben. Sobald sich die Schalen sichtbar verformen, die Maronen herausnehmen, schälen und je nach Größe halbieren oder vierteln.

**2** Die Äpfel schälen, vierteln, Kerngehäuse entfernen, das Fruchtfleisch in dünne Scheiben schneiden und mit Zitronensaft beträufeln. Die Butter in einem Topf heiß schäumend erhitzen und die Apfelscheiben und Maronen darin schwenken. Mit Zucker und Salz bestreuen. Unter Rühren die Hühnerbrühe eingießen. Die Mischung bei mittlerer Hitze gute 5 Minuten offen kochen lassen. Den Topf anschließend beiseite ziehen.

**3** Die Gans unter fließendem kaltem Wasser innen und außen waschen und mit einem Tuch gründlich trockenreiben. Innen und außen salzen und pfeffern. Den Beifuß waschen, trockenschwenken und in den Bauchraum der Gans stecken. Die Maronen-Apfel-Mischung in den Bauch geben. Die Bauchhöhle mit Metall- oder Holzspießchen verschließen.

**4** Die Gans mit der Brustseite nach unten in einen Bräter setzen und mit 3/4 Liter kochend heißem Wasser begießen. Den Bräter auf die unterste Schiene in den vorgeheizten Backofen schieben und die Gans insgesamt knapp 3 Stunden braten lassen.

**5** Nach 1 Stunde die Gans wenden und dabei mit einer Gabel die Haut mehrfach einstechen, damit das Fett besser austreten kann. Nach etwa 2 3/4 Stunden die Gans aus dem Bräter nehmen, rundherum mit Bier bepinseln, auf ein Backgitter oder -blech geben und für 10 bis 15 Minuten zum Bräunen zurück in den Ofen geben.

**6** Den Bratenfond im Bräter auf dem Herd aufkochen. Den Bräter beiseite ziehen und die Sauce mehrmals mit Küchenpapier entfetten (siehe Profitipp Seite 123). Die Sauce insgesamt knappe 15 Minuten heftig einkochen lassen. Nach Bedarf nachwürzen.

**7** Die gebräunte Gans aus dem Backofen nehmen, auf ein Schneidebrett legen, mit Alufolie bedecken und 10 Minuten ruhen lassen. In Portionsstücke schneiden und auf einer Servierplatte anrichten. Die Füllung sowie die Sauce separat dazu reichen.

**Zubereitungszeit: 3 1/2 Stunden**

# Entenkeulen mit Pflaumen

## „Ent-lich“ was los im Kochtopf

**Für 4 Portionen**

- 4 Entenkeulen à etwa 400 g
- Salz, schwarzer Pfeffer
- 3 frische Chilischoten
- 1 Bund frische Kräuter (Kerbel Dill, Petersilie, Oregano etc.)
- 2 EL Honig
- 1 große Zwiebel
- 3 EL Pflanzenöl
- 2 Bananen
- 200 g getrocknete, entsteinte Pflaumen
- 100 g schwarze Oliven
- frisch gemahlener bunter Pfeffer

**1** Die Entenkeulen unter fließendem kaltem Wasser waschen und mit Küchenpapier trockentupfen, salzen und pfeffern. Chilischoten waschen, von Stielansätzen und Kernen befreien, fein würfeln.

**2** Den Backofen auf 200 °C (Umluft 180 °C) vorheizen. Die Kräuter waschen, trockenschwenken, von den Stielen zupfen und fein hacken. Zusammen mit den Chilis, 1 Esslöffel Honig und 400 Milliliter Wasser verrühren.

**3** Die Zwiebel abziehen und fein würfeln. Das Pflanzenöl in einem Bräter erhitzen und darin die Entenkeulen von allen Seiten anbraten. Die Zwiebelwürfel einstreuen und mitbraten. Alles mit dem gewürzten Honigwasser begießen und einmal aufkochen lassen.

**4** Den Bräter mit einem Deckel oder Alufolie verschließen und in den vorgeheizten Backofen schieben. Die Entenkeulen unter mehrmaligem Wenden etwa 1 Stunde garen lassen.

**5** Ein Backblech oder -gitter mit Alufolie auskleiden. Die fertigen Entenkeulen aus dem Bräter nehmen und darauf legen. Den Backofengrill einschalten. Den restlichen Honig mit 2 Esslöffeln Wasser verrühren und die Keulen damit bestreichen. Die Entenkeulen unter dem Backofengrill in 10 bis 15 Minuten knusprig grillen.

**6** Den Bräterinhalt auf dem Herd aufkochen lassen. Die Bananen schälen und in Scheiben schneiden. Zusammen mit den Pflaumen und den Oliven in die Sauce rühren. Zugedeckt etwa 5 Minuten garen lassen. Mit buntem Pfeffer würzen.

**7** Die gegrillten Entenkeulen auf einer Platte anrichten und die fruchtige Sauce separat dazu servieren.

**Zubereitungszeit: 1 1/2 Stunden**

### Profitipp:

*Bei diesem Rezept lassen sich die Entenkeulen auch durch Hähnchenteile oder Putenbrüstchen austauschen. Das Gericht lässt sich auch ganz einfach im Koch- oder Schmortopf auf dem Herd zubereiten. Die Sauce schmeckt so gut, dass ich sie auch ohne die Entenkeulen essen könnte … aber mit viel Reis oder löffelweise in Folienkartoffeln.*

### Beilagenempfehlung:

*Reis oder in Butter geschwenkte Kartoffeln, ein Zucchinigemüse mit Mais oder Rote Bete, zubereitet wie Baked Potatoes*

### Weinempfehlung:

*Chianti Colli Senesi*

### Wenn ein Rest bleibt:

*Köstliches Gratin: Das Entenfleisch von den Knochen lösen und in kleine Würfel schneiden. Die Fleischwürfel zusammen mit Zwiebelstreifen zwischen rohe Kartoffelscheiben schichten. Mit Sahne begießen, die Oberfläche mit etwas Paniermehl (Semmelbröseln) bestreuen und mit Butterflöckchen belegen. Das Gratin etwa 35 bis 40 Minuten bei 200 °C (Umluft 180 °C) im vorgeheizten Backofen knusprig backen.*

# Rebhuhn auf Ananaskraut

## Gut verpackt im Römertopf

**Profitipp:**

*Dieses Gericht lässt sich auch gut im Schmortopf auf dem Herd oder im geschlossenen Bräter im Backofen zubereiten.*
*Rebhühner werden aufgrund ihres mageren Fleisches leicht trocken. Aus diesem Grund werden sie mit Speck umwickelt, damit das Fleisch schön saftig bleibt.*
*Die Rebhühner brauchen nicht unbedingt im Backofen übergrillt zu werden; sie schmecken auch direkt aus dem Topf perfekt.*

**Beilagenempfehlung:**

*Bratkartoffeln, Kartoffelrösti, Senf-Kartoffelpüree mit Erbsen*

**Weinempfehlung:**

*Der gleiche trockene Sherry, der zum Kochen verwendet wurde oder einen Rose-Oeil de Perdrix aus der Schweiz*

**Wenn ein Rest bleibt:**

*Das restliche Fleisch der Rebhühner von den Knochen lösen und in kleine Stücke schneiden. Apfelmus mit Kartoffelbrei vermischen und in eine Auflaufform geben. Das Fleisch darauf verteilen und mit restlichem Sauerkraut bedecken. Zwiebelstreifen mit Speckwürfeln anbraten und darüber geben. Alles kurz im Backofen erwärmen und zu Bauernbrot mit Schnittlauchbutter servieren.*

**1** Den Römertopf mindestens über Nacht, am besten 24 Stunden wässern. Dadurch nimmt der unglasierte Ton die Feuchtigkeit auf, die er beim Garen wieder abgibt.

**Für 4 Portionen**

- 2 küchenfertige Rebhühner
- Salz, schwarzer Pfeffer
- 4 frische Rosmarinzweige
- 100 g in dünne Scheiben geschnittener Räucherspeck
- 1 kg fertiges Sauerkraut
- 2 Lorbeerblätter
- 2 Gewürznelken
- 1 säuerlicher Apfel
- 200 g Ananasstücke mit Saft (Dose)
- 100 ml trockener Sherry (Fino)

**Außerdem:**

- 1 Römertopf

**2** Die Rebhühner unter fließendem kaltem Wasser innen und außen waschen und mit Küchenpapier trockentupfen. Innen und außen mit Salz und Pfeffer würzen. Rosmarin waschen, trockenschwenken und je zwei Zweige in ein Rebhuhn geben. Jedes Rebhuhn mit Speckscheiben umwickeln.

**3** Das Sauerkraut mit einer Gabel zerzupfen und mit den Lorbeerblättern sowie den Gewürznelken auf den Boden des Römertopfes verteilen. Den Apfel schälen, Kerngehäuse entfernen und das Fruchtfleisch in dünne Spalten schneiden. Zusammen mit den Ananasstücken auf dem Kraut verteilen und mit Sherry beträufeln.

**4** Die Rebhühner auf das Ananaskraut legen und die Tonform verschließen. Den Römertopf in den kalten (!) Backofen schieben und die Temperatur auf 220 °C (Umluft 200 °C) stellen. Während der Garzeit von 1 ½ Stunden den Deckel nicht lüften.

**5** Den Römertopf aus dem Ofen nehmen. Den Backofengrill einschalten. Die Rebhühner auf ein Backgitter setzen und zum Übergrillen 10 Minuten in den Backofen zurückschieben. Das Ananaskraut auf Teller verteilen. Die Rebhühner in Portionsstücke schneiden und auf dem Kraut servieren.

**Zubereitungszeit: 2 Stunden + Wässerungszeit für den Römertopf: bis zu 1 Tag**

# Gans mit Kalbsbrätfüllung

## Mal ganz etwas anderes

*Dieses köstliche Rezept stammt von „Pomp Duck"-Chef und Sternekoch Hans-Peter Wodarz. Er hat es mir für dieses Buch zur Verfügung gestellt.*

### Profitipp:

*Die Zutatenliste für die Füllung ist ein wenig lang, doch die Mühe der Zubereitung lohnt sich wirklich! Der Genuss dieser Gans war außergewöhnlich, die Füllung war ruckzuck „verputzt".*
*Falls Sie keinen Fleischwolf haben, können Sie das Kalbsbrät auch bei Ihrem Metzger bestellen.*
*Gekochte Rinderzunge bekommen Sie fast überall als Aufschnitt an der Wursttheke. Gänselebermus gibt es in Feinkostläden in Dosen. Falls Sie keines bekommen, nehmen Sie ersatzweise 150 Gramm mehr Kalbsbrät – allerdings entgeht Ihnen dann ein besonderer Genuss!*

### Beilagenempfehlung:

*Rosenkohl mit Speckkrusteln, Marillenknödel (siehe Seite 145) oder Kartoffelklöße, Rotkohl (Seite 144)*

### Weinempfehlung

*Ganz klassisch, ein 6 bis 12 Jahre alter Bordeaux aus Margaux oder Pauillac*

**Für 4 Portionen**

1 junge Gans von etwa 3 kg
Salz

**Für die Füllung:**

150 g entrindetes Weißbrot vom Vortag
150 g Sahne
20 g getrocknete Steinpilze
100 ml Rotwein
50 g geräucherter Speck
50 g frische Champignons
1 Bund glatte Petersilie
1 säuerlicher Apfel (z.B. Boskoop)
1 EL Apfelschnaps
1 Schalotte
1 Knoblauchzehe
1 Lorbeerblatt
3 Wacholderbeeren
1 EL Butter
1 EL Weinbrand
300 g Kalbfleisch (z. B. Nuss)
50 g gekochte Rinderzunge
150 g Gänselebermus
3 Eier
Salz, schwarzer Pfeffer aus der Mühle
1 Prise getrockneter Thymian
1 Prise geriebene Muskatnuss
abgeriebene Schale von ½ unbehandelten Zitrone

**Außerdem:**

Küchengarn oder Holzspieße

**1** Die Gans innen und außen kalt waschen und trockentupfen; innen und außen salzen.

**2** Das Weißbrot würfeln und mit Sahne begießen. Steinpilze mit Rotwein begießen. Speck fein würfeln. Champignons putzen und feinblättrig schneiden. Petersilie waschen, trockenschwenken, die Blättchen fein hacken. Apfel schälen, entkernen, fein würfeln, mit Apfelschnaps vermischen. Schalotte und Knoblauchzehe schälen und fein würfeln. Lorbeerblatt und Wacholder im Mörser zerstoßen.

**3** Die Butter in einer Pfanne erhitzen und darin die Speckwürfel kurz auslassen. Schalotten, Knoblauch und Champignons einstreuen und 1 Minute andünsten. Mit Apfelwürfeln, Weinbrand und zerstoßenen Gewürzen verrühren; abkühlen lassen.

**4** Das Weißbrot fest ausdrücken, die Steinpilze durch ein Sieb abgießen. Kalbfleisch würfeln und mit der Petersilie durch den Fleischwolf drehen. Die Rinderzunge würfeln, mit dem durchgedrehten Kalbfleisch, dem Pfanneninhalt, den Steinpilzen, Weißbrot, Gänselebermus und den Eiern verrühren. Alles mit Salz, Pfeffer, Thymian, Muskatnuss und der abgeriebenen Zitronenschale würzen.

**5** Den Backofen auf 240 °C (Umluft 220 °C) vorheizen. Die Gans mit der Kalbsbrätmischung füllen, zunähen oder zustecken.

**6** Die Gans mit der Brustseite nach unten in einen Bräter setzen, ringsherum mit ¼ Liter kochend heißem Wasser umgießen. Den Bräter auf die unterste Schiene in den Ofen stellen und die gefüllte Gans insgesamt etwa 2 Stunden braten.

**7** Nach 1 Stunde die Gans wenden, mit einer Gabel mehrmals die Haut einstechen, damit das Fett austreten kann. In den letzten 15 Minuten die Haut mit Salzwasser bepinseln, damit sie knusprig wird.

**8** Die fertig gebratene Gans aus dem Bräter nehmen, in Alufolie wickeln und 10 Minuten im ausgeschaltenen Backofen ruhen lassen. Das Bratfett aus dem Bräter abschöpfen oder mit Küchenpapier von der Oberfläche aufsaugen. Den Bratensatz mit ¼ Liter Wasser loskochen, durch ein Sieb in einen Topf passieren und warmhalten. Die Gans aus der Folie nehmen, tranchieren und auf vorgewärmte Teller verteilen. Den Bratensaft separat dazu reichen.

**Zubereitungszeit: 3 Stunden**

# Stubenküken in Senfsauce

## Nach französischer Art – im Topf geschmort

**Für 4 Portionen**

| |
|---|
| 1 Bund gemischte Kräuter (Petersilie, Estragon, Kerbel) |
| 2 Schalotten |
| 2 küchenfertige Stubenküken |
| Salz, weißer Pfeffer |
| 50 g Butter |
| ¼ l trockener Weißwein |
| 250 g Crème fraîche |
| 1 TL Kartoffelmehl |
| 1 Eigelb (Größe L) |
| 1 TL Dijon-Senf |

**1** Die Kräuter waschen, trockenschwenken, von den Stängeln zupfen und fein hacken. Die Schalotten abziehen und fein würfeln. Die Stubenküken in Portionsstücke schneiden, unter fließendem kaltem Wasser waschen und mit Küchenpapier trockentupfen. Mit Salz und Pfeffer würzen.

**2** In einem breiten Topf die Butter erhitzen und darin die Geflügelteile hell anbraten. Die Schalotten einstreuen, einige Minuten mitbraten und alles mit Weißwein ablöschen.

**3** Den Topf mit einem Deckel verschließen und die Stubenküken bei mittlerer Hitze etwa 30 Minuten schmoren lassen.

**4** Die Fleischteile aus dem Topf nehmen, in Alufolie wickeln und kurz ruhen lassen.

**5** Den Bratenfond mit Crème fraîche und Kräutern verfeinern. Kartoffelmehl mit 3 Esslöffeln Wasser glatt rühren und die Sauce damit binden. Das Eigelb mit Dijonsenf verrühren und unter die nicht mehr kochende (!) Sauce ziehen. Die Sauce nach Bedarf nachwürzen und mit den Stubenküken servieren.

**Zubereitungszeit: 1 Stunde**

### Profitipp:

*Stubenküken werden in Deutschland vorwiegend aus Vierländer Züchtung angeboten. Es handelt sich um 3 bis 5 Wochen alte Hühnchen, die nur etwa 500 Gramm auf die Waage bringen. Ihren Namen haben sie tatsächlich von der „warmen Stube“, denn im Winter wurden die Küken mit reichlich Futter im Haus aufgezogen.*

### Beilagenempfehlung:

*Spargelgemüse, Rahmblumenkohl oder -brokkoli, Pellkartoffeln, Rösti (Rezept auf Seite 137), geröstetes Weißbrot, Reis*

### Weinempfehlung:

*Frischer Elsässer Riesling*

### Wenn ein Rest bleibt:

*Die Stubenküken von Häuten und Knochen befreien und das Fleisch in kleine Stücke schneiden. Die Sauce mit Sahne und frischen Champignons verlängern und Miniblumenkohl oder/und Putenfleischstreifen hinzufügen.*

# Zitronenhähnchen mit Schalotten

## Griechischer Gusto

**1** Das Hähnchen in vier Portionsstücke zerteilen, unter fließendem kaltem Wasser waschen und mit Küchenkrepp trockentupfen. Mit dem Saft von 1 Zitrone einreiben, mit Salz und Pfeffer würzen. Den Backofen auf 200 °C (Umluft 180 °C) vorheizen.

**2** Die Schalotten abziehen und in schmale Streifen schneiden. Die Möhre schälen und in Streifen schneiden. Das Basilikum waschen, trockenschwenken, die Blätter von den Stängeln zupfen und in Streifen schneiden. Den Sellerie waschen, entfädeln und in kleinere Stücke schneiden.

**3** Hähnchenteile, Schalotten, Möhren, Sellerie und die Hälfte der Basilikumstreifen mit dem restlichen Zitronensaft sowie dem Olivenöl auf einem Backblech vermischen. Das Blech in den vorgeheizten Backofen schieben und die Hähnchenteile unter mehrmaligem Wenden etwa 40 Minuten garen.

**4** Alles auf vier Teller verteilen und mit restlichen Basilikumstreifen garnieren.

**Zubereitungszeit: 1 Stunde**

**Für 4 Portionen**

- 1 Hähnchen à 1,2 kg
- Saft von 2 Zitronen
- Salz, weißer Pfeffer
- 5 Schalotten
- 1 Möhre
- 1 Bund Basilikum
- 2 Stangen Staudensellerie
- 4 EL Olivenöl

Variante

## Fruchtiges hawaiianisches Hähnchen

Die Hähnchen mit Salz und Pfeffer würzen und mit 100 Milliliter Ananassaft und 2 Esslöffeln Erdnussöl auf einem Backblech vermengen. Gemüse (Möhre, Schalotten) vom oben stehenden Rezept hinzufügen und alles wie beschrieben im Backofen garen.

Kurz vor Ende der Garzeit in einer Pfanne 50 Gramm Butter und 1 Teelöffel Zucker schmelzen lassen. Scheiben von 2 Bananen, 4 Pfirsichhälften in Streifen geschnitten und 200 Gramm Ananasecken (Glas) darin schwenken. Mit 50 Gramm gebräunten Kokosraspeln bestreuen und zum fertigen Hähnchen servieren.

### Profitipp:

*Zitronenhähnchen lässt sich auch auf dem Herd zubereiten. Dazu die Hähnchenteile ringsum in Olivenöl anbraten, Gemüse einstreuen und alles mit ¼ Liter trockenem Weißwein aufgießen. Den Topf mit einem Deckel verschließen und alles etwa 40 Minuten schmoren. Die Sauce mit Crème double verfeinern.*

### Beilagenempfehlung:

*Griechische Reisnudeln, im Backofen geröstete Kartoffelstücke, gemischter Salat*

*Zur Variante: Butterreis, mit Nelken und Zimt gewürzt*

### Weinempfehlung:

*Weißwein aus Griechenland: Entweder Chardonnay oder ein Assyrtico (von der Insel Santorin)*

*Zur Variante: ein Sauvignon aus dem Sonoma Valley, USA*

### Wenn ein Rest bleibt:

*Fleisch vom Zitronenhähnchen von Häuten und Knochen befreien und in gleichgroße Stücke schneiden. Durch eine Mischung aus Eiern und etwas Sahne ziehen, in Butter ausbraten und auf Tomaten-Spaghetti servieren.*

*Oder Fleischstreifen vom Zitronenhähnchen in etwas Mehl wenden, durch verquirlte Eier ziehen und in Paniermehl panieren. Die Streifen in der Pfanne in reichlich Butter knusprig braten oder aber in der Fritteuse kross ausbacken. Dazu Preiselbeeren und Zitronensaft servieren, am besten auf einem Berg Salat.*

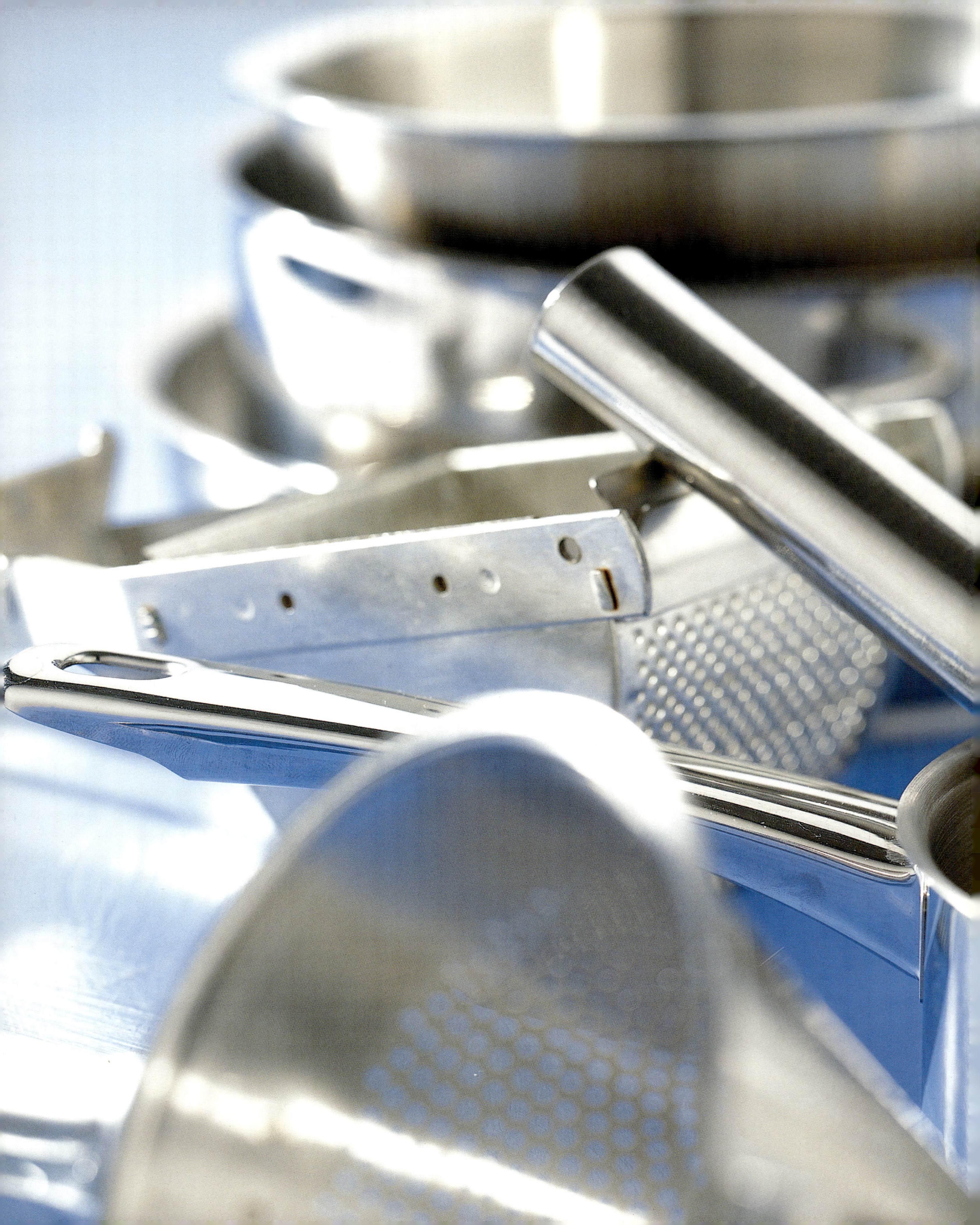

# Leckere Beilagen und klassische Saucen

# Gratinierte Kartoffeln

## Mit oder ohne Käse?

**Für 4 Portionen**

1 kg vorwiegend fest kochende Kartoffeln
Salz, schwarzer grob geschroteter Pfeffer
200 g Sahne
50 g Kräuter-Crème-fraîche
Nach Belieben:
100 g frisch geriebener Greyezer oder Emmentaler
Außerdem:
Butter für die Form, 1 Knoblauchzehe,
1 EL Butterflöckchen

**1** Den Backofen auf 200 °C (Umluft 180 °C) vorheizen und eine Auflaufform mit Butter ausstreichen. Die Knoblauchzehe abziehen, längs halbieren und die Form damit einreiben. Die Kartoffeln schälen und in dünne Scheiben schneiden.

**2** Die Kartoffelscheiben dachziegelartig in die Form legen, salzen und pfeffern. Sahne und Crème fraîche verrühren und darüber gießen. Nach Belieben die Oberfläche mit Käse bestreuen. Die Butter in Flöckchen darüber legen.

**3** Die Form in den vorgeheizten Backofen schieben und die Kartoffeln in etwa 50 Minuten überbacken.

**Zubereitungszeit: 1 Stunde**

### Passt gut zu:

Schweinekotelett im Schmorgemüse, Wildschweinkeule mit Pfifferlingsrahm, Pikante Schweinelende mit Champignons, Gefüllte Lammkeule mit Bohnen, Provenzalische Lammkrone

### Tipp:

Der Käse auf den gratinierten Kartoffeln passt nicht zu jedem Gericht, deshalb nach Belieben.
Sie können die Kartoffelscheiben auch nur mit Butter backen, so sparen Sie Kalorien und es passt zu viel mehr Bratengerichten.

# Überbackene Kartoffeln

## Voller Genuss, wenig Arbeit

**Für 4 Portionen**

1 kg kleine, gleich große Kartoffeln
Salz, schwarzer Pfeffer
4 Knoblauchzehen
50 ml Olivenöl
1 TL getrocknete Kräuter der Provence
2 Lorbeerblätter

**1** Den Backofen auf 200 °C (Umluft 180 °C) vorheizen. Die Kartoffeln schälen und auf ein Backblech geben. Mit Salz und Pfeffer würzen.

**2** Die Knoblauchzehen abziehen und durch eine Knoblauchpresse zum Olivenöl drücken. Die Kartoffeln mit dem Knoblauchöl, den Kräutern der Provence sowie den Lorbeerblättern vermengen.

**3** Das Backblech in den vorgeheizten Ofen schieben und die Kartoffeln unter zweimaligem Wenden bzw. Vermischen 40 bis 50 Minuten garen.

**Zubereitungszeit: 1 Stunde**

### Passt gut zu:

Krustenbraten vom Spanferkelrücken, Schweinekotelett im Schmorgemüse, Geschmortes Kaninchen mit Chilisauce, Maispoularde im Olivenhain, Stubenküken in Senfsauce

### Variante:

Die Kartoffeln nicht schälen, jede Kartoffel einschneiden und in den Schnitt ein Lorbeerblatt stecken. Die Kartoffeln mit Salz und Pfeffer würzen und mit etwas Olivenöl vermengen. Die Lorbeerkartoffeln im vorgeheizten Backofen garen.

# Rösti

## Schwyzer Goldtaler …

**Für 4 Portionen**

| |
|---|
| 1 kg Pellkartoffeln vom Vortag |
| 100 g Räucherspeck |
| 1 Zwiebel |
| 100 g Butter |

**1** Die gekochten Kartoffeln pellen und auf einer Küchenreibe oder speziellen Röstiraffel reiben. Den Räucherspeck in feine Würfel schneiden. Die Zwiebel abziehen und fein würfeln.

**2** Die Zutaten portionsweise zu Rösti ausbacken: Dafür je einen Teil der Butter in einer Pfanne heiß schäumend erhitzen. Etwas Speck und Zwiebel darin andünsten und die geriebenen Kartoffeln esslöffelweise in die Pfanne geben. Mit dem Löffelrücken platt drücken, anbacken lassen und wenden.

**3** Fertige Röstis im Backofen bei etwa 50 °C bis zum Servieren warm halten.

**Zubereitungszeit: 30 Minuten**

### Passt gut zu:

Zicklein auf Melissenbett, Rehschulter mit Johannisbeersauce, Frischlingsrücken mit Feigensauce, Wildschwein-Rollbraten mit Pflaumensauce

# Kartoffelpuffer

## Knusprige Kartoffel-Lust

**Für 4 Portionen**

| |
|---|
| 1 kg vorwiegend fest kochende Kartoffeln |
| Salz, 1 EL Stärkemehl |
| 1 Ei (Größe L) |
| Außerdem: Öl zum Ausbacken |

**1** Die rohen Kartoffeln waschen, schälen und auf einer Küchenreibe fein reiben. Die Masse in ein Tuch geben und den Kartoffelsaft gut auspressen oder mit den Händen ausdrücken.

**2** Die Kartoffelmasse salzen und mit Stärkemehl sowie mit dem Ei vermengen.

**3** In einer großen Pfanne reichlich Öl erhitzen und mit einem Esslöffel portionsweise Teig in die Pfanne geben. Diese Teigportionen mit dem Löffelrücken platt drücken, anbacken lassen und wenden.

**4** Die knusprig gebackenen Kartoffelpuffer im Backofen bei 50 °C bis zum Servieren warm halten.

**Zubereitungszeit: 30 Minuten**

### Passt gut zu:

Hasenkeulen in Portweinsauce, Brathähnchen mit Quarkfüllung, Entenkeulen mit Pflaumen, Peking-Ente mit Hofstaat, Putenkeulen im süß-sauren Obstgarten, Ente à la orange

# Graupotto

## Graupen mit Gemüse

**Für 4 Portionen**

**1/2 Bund frischer Kerbel**
**100 g Räucherspeck**
**1 Möhre, 1/2 Stange Lauch, 100 g Knollensellerie**
**1 Knoblauchzehe**
**50 g Butter**
**250 g Graupen**
**Salz, schwarzer Pfeffer**
**1/4 l trockener Sherry (Fino) oder Weißwein**
**1/2 l Gemüsebrühe**

**1** Den Kerbel waschen, trockenschwenken, die Blättchen von den Stängeln zupfen und grob hacken. Den Räucherspeck fein würfeln. Das Gemüse waschen, Möhre und Sellerie schälen, den Knoblauch abziehen und alles in sehr feine Würfel schneiden.

**2** Den Backofen auf 200 °C (Umluft 180 °C) vorheizen. In einem breiten, ofenfesten Topf die Butter erhitzen und darin Speck, Gemüse und Knoblauch unter Rühren andünsten. Die Graupen einstreuen und 2 Minuten mitdünsten. Salzen und pfeffern.

**3** Den Topfinhalt mit Sherry ablöschen und mit Gemüsebrühe aufgießen. Nach dem ersten Aufkochen den Topf mit einem Deckel verschließen und in den Backofen stellen.

**4** Die Garzeit der Graupen beträgt etwa 40 Minuten. Während dieser Zeit die Graupen ein- bis zweimal durchrühren. Kurz vor Ende der Garzeit den Kerbel untermischen.

**Zubereitungszeit: 1 Stunde**

### Passt gut zu:

Englisches Roastbeef, Kalbsrücken mit Weißwein-Olivensauce, Mariniertes Kalbfleisch in Sahnesauce, Pochiertes Kalbsfilet mit Blauschimmelkäse-Sauce, Kalbsfrikandeau in Gemüsemilch

# Risotto

## So cremig ...

**Für 4 Portionen**

**1 Zwiebel**
**4 EL Olivenöl**
**250 g Rundkornreis (z.B. Arborio)**
**3/4 l Hühnerbrühe**
**Salz**
**50 g Butterflöckchen**
**100 g frisch geriebener Parmesan**

**1** Die Zwiebel abziehen und fein würfeln. Das Olivenöl in einem breiten Topf erhitzen und darin die Zwiebelwürfel andünsten.

**2** Den Reis einstreuen und unter Rühren etwas Hühnerbrühe zugießen. Die restliche Hühnerbrühe in etwa 10 Minuten nach und nach weiter zugießen, und zwar erst, wenn der Reis die vorab zugefügte Menge aufgesogen hat. Den Reis mit Salz würzen.

**3** Den Topf mit einem Deckel verschließen und den Reis bei kleiner Hitze knapp 30 Minuten garen lassen. Zwischendurch immer wieder rühren und darauf achten, dass der Reis eine cremige Konsistenz erhält und beibehält.

**4** Kurz vor dem Servieren Butter und Käse unter den Reis rühren. Sofort servieren.

**Zubereitungszeit: 40 Minuten**

### Passt gut zu:

Schmorhuhn mit zwei Knoblauchknollen, Zitronenhähnchen mit Schalotten, Gebratener Truthahn für Thanksgiving, Pikante Schweinelende mit Champignons, Gefüllte Lammkeule mit Bohnen, Schweinebauch mit Kastanien-Birnenkraut

### Variante:

Das Risotto ohne Käse servieren, das macht den Reis als Beilage neutraler im Geschmack.

# Ratatouille

## Schmeckt nach Südfrankreich

**Für 4 Portionen**

**1 mittelgroße Aubergine**
**2 mittelgroße Zucchini, 2 grüne Paprikaschoten**
**2 Zwiebeln, 5 Knoblauchzehen**
**1/2 kg kleine, aromatische Tomaten**
**2 Thymianzweige, 1/2 Bund Basilikum**
**1/2 Bund Petersilie**
**50 ml Olivenöl, Salz, schwarzer Pfeffer**

**1** Die Aubergine waschen, Stielansatz entfernen und das Fruchtfleisch in etwa 1 Zentimeter große Stücke schneiden. Die Auberginenwürfel für etwa 10 Minuten in kaltes Salzwasser legen, dann auf Küchenpapier abtropfen lassen und trockentupfen. Die Zucchini und Paprikaschoten waschen, putzen und das Fruchtfleisch in ebenso große Stücke schneiden.
**2** Die Zwiebeln und Knoblauchzehen abziehen und fein würfeln. Die Tomaten mit kochend heißem Wasser überbrühen, häuten, entkernen und das Fruchtfleisch in Viertel oder Achtel schneiden. Die Kräuter waschen, trockenschwenken, die Blättchen von den Stängeln zupfen und getrennt fein hacken.
**3** In einer großen Pfanne etwas Olivenöl erhitzen und darin die Zwiebel- und Knoblauchwürfel andünsten. Nach ein paar Minuten die Tomatenstücke, Thymian und Basilikum einrühren.
**4** In einer zweiten Pfanne parallel dazu das restliche Öl erhitzen und darin Paprika, Zucchini und Auberginen der Reihe nach braten. Die gebratenen Gemüsestücke dann jeweils unter die Tomatenmischung rühren. Alles mit Salz und Pfeffer würzen und bei kleiner Hitze etwa 30 Minuten offen kochen lassen. Kurz vor dem Servieren die Petersilie unterrühren.
**Zubereitungszeit: 1 Stunde**

### Passt gut zu:

Gebratener Truthahn, Schweinebraten Arista, Zitronenhähnchen mit Schalotten, Kalbsnuss in feiner Kapernsauce, Kalbsfrikandeau in Gemüsemilch

# Gnocchi

## Kartoffelbotschafter aus Italien

**Für 4 Portionen**

**1 kg vorwiegend mehlig kochende Kartoffeln, Salz**
**1 Ei (Größe M), 300 g Mehl**
**50 g Butter**
**schwarzer Pfeffer**

**1** Die Kartoffeln waschen, in kochendem Salzwasser in etwa 30 Minuten weich garen. Das Wasser abgießen und die Kartoffeln kurz ausdampfen lassen.
**2** Die Kartoffeln noch heiß pellen und durch eine Presse drücken. Zusammen mit dem Ei, einer Prise Salz und dem Mehl einen glatten Teig kneten. Falls der Teig klebrig ist, noch etwas Mehl unterarbeiten.
**3** Den Kartoffelteig in vier Portionen teilen und diese zu Rollen formen. Jede Rolle in 1 Zentimeter lange Stücke schneiden. Jedes Teigstück auf befeuchtete Gabelzinken drücken, damit ein Muster entsteht.
**4** Die Gnocchi portionsweise in siedend heißes Salzwasser geben und etwa 5 Minuten garen. Mit einem Schaumlöffel herausnehmen und abtropfen lassen.
**5** Die Butter heiß schäumend erhitzen und darin die Gnocchi portionsweise schwenken, pfeffern.
**Zubereitungszeit: 1 1/4 Stunden**

### Passt gut zu:

Rinderbraten, Böfflamot, Geschmorte Kalbshaxe in Burgunder, Ossobuco, Rinderwade in Rioja-Wein, Pikante Schweinelende mit Champignons, Schweinekotelett im Schmorgemüse

### Profitipp:

Diese Kartoffelklößchen nach italienischer Art werden mit fein geschnittenem Salbei gewürzt oder geschwenkt und mit frisch geriebenem Parmesan bestreut serviert.
Gnocchi in einer mit Olivenöl eingefetteten Auflaufform oder auf dem Backblech auslegen und bei Oberhitze kurz übergrillen. Wenn der Braten aus dem Ofen ist, kann die Hitze so optimal ausgenutzt werden.

# Süße Polenta

## Perfekt zu Wild

**Für 4 bis 6 Portionen**

- 5 EL Honig
- 1/2 TL Meersalz
- 250 g grober Maisgrieß
- 50 g zimmerwarme Butter
- 100 g Mandelblättchen

**1** In einem Topf 1 Esslöffel Honig mit dem Salz mit 1 Liter Wasser aufkochen. Den Maisgrieß einstreuen und unter ständigem Rühren etwa 5 Minuten kochen lassen. Die Hitze verringern und den Maisgrieß 15 Minuten quellen lassen.

**2** Den Backofen auf 200 °C (Umluft 180 °C) vorheizen und eine Auflaufform mit der Hälfte der Butter ausstreichen. Die restliche Butter in einer Pfanne heiß schäumend erhitzen und darin die Mandelblättchen goldgelb braten. Zuletzt den restlichen Honig unterrühren; die Pfanne beiseite ziehen.

**3** Den Maisgrieß in ein Sieb gießen und den Brei in der Auflaufform verteilen. Die Oberfläche mit einem Holzlöffelstiel mehrmals eindrücken und alles mit den Honigmandeln löffelweise überziehen.

**4** Die Form in den vorgeheizten Backofen schieben und die Polenta in etwa 20 Minuten goldgelb backen.

**Zubereitungszeit: 40 Minuten**

### Passt gut zu:

Rehschulter mit Johannisbeersauce, Hasenkeulen in Portweinsauce, Hirschrücken mit Nusskruste, Rehrücken Baden-Baden

# Polentakuchen

## Klassisch gut

**Für 4 bis 6 Portionen**

- Salz
- 250 g grober Maisgrieß
- 50 bis 80 g zimmerwarme Butter

**1** 1/2 l Wasser mit Salz aufkochen und den Maisgrieß einrieseln lassen. Unter Rühren einige Minuten kochen und dann bei kleinster Hitze etwa 40 Minuten ausquellen lassen; dabei immer wieder umrühren.

**2** Eine runde Auflaufform üppig mit Butter ausstreichen und den Maisbrei einfüllen. Die Oberfläche glatt streichen, mit Folie abdecken. Die Polenta im Kühlschrank mindestens 2 Stunden auskühlen lassen.

**3** Den Backofen auf 200 °C (Umluft 180 °C) vorheizen. Die Polenta mit Butterflöckchen belegen und in den vorgeheizten Backofen schieben. In etwa 25 bis 30 Minuten goldgelb backen. Kurz abkühlen lassen und in „Kuchenstücke" schneiden.

**Zubereitungszeit: 1 1/4 Stunden**
**+ Kühlzeit: 2 Stunden**

### Passt gut zu:

Spanferkelkeule mit Dunkelbiersauce, Schweinekotelett im Schmorgemüse, Geschmorte Kalbshaxe in Burgunder, Ossobuco, Rinderwade in Rioja-Wein

# Spätzle

## Vielseitiger Gaumenschmeichler

**Für 4 Portionen**

500 g Mehl, 5 Eier (Größe M)
Salz, 1/4 l Mineralwasser mit Kohlensäure
Nach Belieben: Butter, weißer Pfeffer, frisch geriebene Muskatnuss

**1** In einer Schüssel aus Mehl, Eiern, 1 Prise Salz und Mineralwasser mit einem elektrischen Handrührgerät auf Höchststufe einen zähen, klebrigen Spätzleteig herstellen.
**2** Den Teig portionsweise in kochendes Salzwasser schaben. Sobald die Spätzle nach oben schwimmen, diese einige Male aufwallen lassen und mit einem Schaumlöffel herausnehmen.
**3** Die Spätzle sofort in kaltes Wasser geben und anschließend in ein Sieb schütten. Mehrmals mit kaltem Wasser spülen und gründlich abtropfen lassen.
**4** Zur Weiterverarbeitung Butter in einer Pfanne heiß schäumend erhitzen und darin die Spätzle schwenken. Mit Salz, wenig Pfeffer und frisch geriebener Muskatnuss würzen.
**Zubereitungszeit:** 40 Minuten

### Passt gut zu:

Pikante Schweinelende mit Champignons, Schweinekotelett im Schmorgemüse, Wildschwein-Rollbraten mit Pflaumensauce, Schweinefilet mit Whiskysauce, Gamsfilet mit Enziansauce, Wildschweinkeule mit Pfifferlingsrahm, Frischlingsrücken mit Feigensauce

### Profitipp:

Die Spätzle können problemlos 1 Tag vor dem Sonntagsbraten hergestellt werden. Das Erwärmen kann auch in der Mikrowelle erfolgen.

### Variante:

Geben Sie zum Färben unter den Spätzleteig 1 Esslöffel grünes Pesto, rotes Pesto, Rote-Bete-Saft oder reduzierten Spinatsaft (auch püriert).

# Apfel-Kartoffelbrei

## Das sind Geschmackserlebnisse!

**Für 4 Portionen**

750 g vorwiegend mehlig kochende Kartoffeln, Salz
2 Äpfel, 1 TL Zucker
1 TL Zitronensaft, 100 ml Muskatwein
250 g lauwarme Sahne
50 g flüssige Butter
weißer Pfeffer, frisch geriebene Muskatnuss

**1** Die Kartoffeln waschen, schälen und in kochendem Salzwasser in etwa 30 Minuten garen. Inzwischen die Äpfel schälen, entkernen und das Fruchtfleisch in etwa 1/2 Zentimeter große Würfel schneiden.
**2** Apfelwürfel mit Zucker, Zitronensaft und Muskatwein in einem Topf vermischen und etwa 5 Minuten leise köcheln lassen.
**3** Die gegarten Kartoffeln kurz ausdampfen lassen, durch eine Presse drücken und mit lauwarmer Sahne sowie der Butter verrühren.
**4** Die Apfelwürfel in ein Sieb gießen, kurz abtropfen lassen und unter den Kartoffelbrei mischen. Mit Salz, Pfeffer und Muskatnuss würzen.
**Zubereitungszeit:** 45 Minuten

### Passt gut zu:

So oder in einer Variante lecker zu allen Braten!

### Variante:

Kartoffelpüree lässt sich mit einer oder mehreren Zutaten schnell zu einer neuen, raffinierten Köstlichkeit verwandeln. So z.B. mit 1 Esslöffel Dijon-Senf, mit 1 Teelöffel Paprikamark oder 1 Esslöffel grünem oder rotem Pesto. Anstatt der Äpfel können Sie Birnen oder gekochtes, fein gehacktes Sauerkraut verwenden. Kartoffelpüree schmeckt besonders gut, wenn Sie etwas Trüffelöl darüber träufeln oder sogar frisch gehobelte Trüffel darüber geben. Auch eine Mischung mit blanchierten Kohlrabiwürfeln oder gehacktem Wirsing ist hervorragend. Die bekannteste Mischung ist die mit Erbsen oder/und Möhrchen.

# Kartoffelklöße mit Cranberries

## ... so kocht man heute

**Für 6 Portionen**

| |
|---|
| 1 kg vorwiegend mehlig kochende Kartoffeln |
| Salz |
| 250 g Stärkemehl |
| 1/4 l Milch |
| 200 g aufgetaute Cranbeeries (TK) |

**1** Die Kartoffeln waschen, schälen und in kochendem Salzwasser in etwa 30 Minuten garen. Abgießen, ausdampfen lassen und durch eine Kartoffelpresse drücken. Kurz abkühlen lassen, mit Salz würzen und mit dem Stärkemehl verkneten.

**2** Die Milch aufkochen, über den Kartoffelteig gießen und alles vollständig auskühlen lassen. Dann kneten und bei Bedarf nochmals Stärkemehl hinzufügen.

**3** In einem großen Topf reichlich Salzwasser aufkochen. Aus dem Teig mit befeuchteten Händen Klöße formen und mit jeweils einigen Cranberries füllen. Die Klöße in das kochende Wasser gleiten lassen, die Hitze reduzieren und die Klöße in etwa 20 Minuten garen. Mit einem Schaumlöffel herausnehmen und sofort servieren.

**Zubereitungszeit: 1 1/2 Stunden (mit Abkühlzeiten)**

### Profitipp:

Sie können die Kartoffelklöße auch ohne Füllung zubereiten oder statt der Cranberries, Preiselbeeren, Johannisbeerkonfitüre oder klein geschnittene Aprikosen aus der Dose verwenden.

# Semmelknödel

## Bayerischer Hit

**Für 4 Portionen**

| |
|---|
| 10 Semmeln (Brötchen vom Vortag) oder |
| 300 g geschnittenes Knödelbrot |
| 1/4 l heiße Milch |
| einige frische Petersilienstängel |
| 1 Zwiebel |
| 1 EL Butter |
| 2 Eier (Größe M) |
| Salz, weißer Pfeffer |
| etwas Mehl |

**1** Die Semmeln in dünne Scheiben schneiden, in eine Schüssel legen und mit heißer Milch begießen. Die Schüssel mit einem Küchentuch abdecken und den Inhalt ziehen lassen.

**2** Die Petersilie waschen, trockenschwenken, die Blättchen von den Stängeln zupfen und fein hacken. Die Zwiebel abziehen und fein würfeln.

**3** Die Butter in einer Pfanne heiß schäumend erhitzen und die Zwiebelwürfel darin glasig dünsten. Den Pfanneninhalt, die Petersilie, die Eier, Salz und Pfeffer zur Brotmasse geben. Leicht mit Mehl bestäuben und aus der Mischung einen lockeren Teig herstellen.

**4** Einen großen Topf mit Salzwasser zum Kochen aufstellen. Mit befeuchteten Händen aus dem Teig etwa 8 Knödel formen und in das siedende Wasser gleiten lassen. Die Knödel bei mittlerer Hitze 15 bis 20 Minuten ziehen lassen. Nicht mehr kochen lassen.

**Zubereitungszeit: 40 Minuten**

### Passt gut zu:

Allen Braten- und Schmorgerichten mit viel Sauce! Unter anderem zu Schweinebraten vom Halsgrat, Geschmorte Kalbshaxe in Burgunder, Spanferkelkeule mit Dunkelbiersauce, Schweinekotelett im Schmorgemüse, Krustenbraten vom Spanferkelrücken, Wildschwein-Rollbraten mit Pflaumensauce

## Profitipp:

Der Semmelknödelteig kann auch mit 1 oder 2 Brezeln ohne Salz – dafür die Brötchen mindern – oder mit normalem Weißbrot hergestellt werden.
Gut hergestellte und gekochte Semmelknödel werden von Kennern nicht geschnitten. Die lockeren Knödel werden am besten mit zwei Gabeln geteilt oder gerissen. Dadurch ist der Teig aufnahmefähiger für die Sauce, eine glatt geschnittene Fläche saugt nicht soviel auf.

## Wenn ein Rest bleibt:

Die restlichen Knödel halten sich – mit kaltem Wasser und einem Deckel bedeckt – ein bis zwei Tage im Kühlschrank. Es gibt mehrere Möglichkeiten, aus übrig gebliebenen Semmelknödeln leckere Gerichte zu zaubern:
In Scheiben schneiden und in Butter mit vielen Kräutern ausbacken.
Sie können die Knödelscheiben aber auch panieren, in verquirlten Eiern wenden und dann in Paniermehl panieren. In siedend heißem Fett schwimmend ausbacken. Dazu passen Preiselbeeren und gemischte Blattsalate.
Oder Sie machen einen klassischen bayerischen essig-sauren Knödelsalat: Dazu die Knödelscheiben mit vielen Zwiebelstreifen und gehackter Petersilie in einer Mischung aus 3 Esslöffeln Pflanzenöl, 1 Schuss weißem Essig, etwas Wasser, Salz und Pfeffer anmachen. Schmeckt gut mit Butterbrot und Schnittlauch.

# Kohlrabi-Gemüse

### ... oder darf's etwas anderes sein?

**Für 4 Portionen**

500 g junge Kohlrabi (etwa 3 Knollen)
Salz, 2 EL Butter, 1 TL Mehl
200 g Sahne
weißer Pfeffer, frisch geriebene Muskatnuss
etwas Zitronensaft
Nach Belieben: 1 TL Worcestershire-Sauce

**1** Die Kohlrabi-Knollen waschen, schälen und das Grün beiseite legen. Den Kohlrabi in Scheiben und dann quer in Stifte schneiden. In reichlich kochendes Salzwasser geben, 1 Minute aufwallen lassen und mit einem Schaumlöffel herausnehmen. Den Kohlrabisud durch ein Sieb gießen und aufbewahren.
**2** In einem Topf bei schwacher Hitze Butter und Mehl hell rühren und mit 300 Milliliter Kohlrabisud aufgießen. Unter Rühren kurz einkochen lassen und mit Sahne aufgießen. Die Kohlrabistifte hinzufügen und mit Salz, Pfeffer, Muskat und Zitronensaft würzen.
**3** Das Gemüse vom Herd ziehen und nach Belieben mit Worcestershire-Sauce würzen. Etwas Kohlrabigrün in Streifen schneiden und darüber streuen.
**Zubereitungszeit: ½ Stunde**

## Passt gut zu:

Geschmorter Kalbshaxe in Burgunder, Rinderwade in Rioja-Wein, Sauerbraten nach rheinischer Art, Kalbsvögel am Spieß, Tafelspitz mit Semmelkren

## Profitipp:

Nach diesem Rezept können Sie auch Lauch, Möhren, Erbsen, Teltower Rübchen, Brokkoli und Zucchini zubereiten. Beim Wirsing zusätzlich Speckwürfel und Zwiebelwürfel mitdünsten.

## Variante:

Das Rahmgemüse in eine Auflaufform füllen, dick mit Käse bestreuen, mit Butterflöckchen belegen und im Backofen gratinieren.

# Rotkohl mit Preiselbeeren

## Farbe auf den Teller!

**Für 4 Portionen**

- 1 kg Rotkohl
- Salz
- 2 Zwiebeln
- 2 säuerliche Äpfel
- 2 EL Butterschmalz
- 3 EL Rotweinessig
- 1/4 l trockener Rotwein
- 1/4 l Fleisch- oder Gemüsebrühe
- 5 Gewürznelken
- 2 Lorbeerblätter
- 100 g Preiselbeeren (Glas)
- 1 EL Zucker
- weißer Pfeffer

**1** Den Rotkohl vierteln, entstrunken und waschen. Die Viertel auf einem Küchenhobel in dünne Streifen hobeln, in eine Schüssel legen und mit Salz kurz durchwirken. Die Zwiebeln abziehen, halbieren und in Streifen schneiden.

**2** Die Äpfel schälen, entkernen und ebenfalls auf dem Küchenhobel feinblättrig schneiden. Das Butterschmalz in einem Topf erhitzen und darin die Zwiebelstreifen sowie die Apfelscheiben und den Rotkohl unter Rühren andünsten. Mit dem Rotweinessig ablöschen und mit Rotwein sowie Brühe aufgießen.

**3** Nach dem ersten Aufkochen die Hitze reduzieren. Gewürznelken, Lorbeerblätter und Preiselbeeren zugeben, den Rotkohl mit Zucker und Pfeffer würzen und etwa 40 Minuten garen.

**Zubereitungszeit: 1 Stunde**

### Passt gut zu:

Allen Braten und Geflügel

# Rotkohl mit Orangen und Zimtduft

## ... fast ein wenig orientalisch

**Für 4 Portionen**

- 1 kg Rotkohl
- 3 unbehandelte Orangen
- 100 g Johannisbeergelee
- 1/8 l trockener Rotwein
- 6 EL Johannisbeerlikör (Cassis)
- 2 Lorbeerblätter
- 1 leichte oder kräftige Prise gemahlener Zimt
- 4 Gewürznelken
- 100 g Rosinen
- 1 Zwiebel, 2 EL Butterschmalz

**1** Den Rotkohl vierteln, entstrunken und waschen. Die Viertel in dünne Streifen hobeln und in eine Schüssel legen. Die Orangen heiß waschen und fest mit Küchenpapier trockenreiben. Von 1/2 Orange die Schale abreiben und über den Rotkohl geben.

**2** Aus allen Orangen den Saft auspressen und durch ein Haarsieb passieren. Den Orangensaft zusammen mit Rotwein, 3 Esslöffeln Johannisbeerlikör, Lorbeerblättern, Zimt und Gewürznelken unter den Rotkohl mischen. Luftdicht verschließen und zum Marinieren für einen Tag in den Kühlschrank stellen.

**3** Vor der Zubereitung die Rosinen mit 3 Esslöffeln Johannisbeerlikör beträufeln. Die Zwiebel abziehen, halbieren und in dünne Streifen schneiden.

**4** Das Butterschmalz in einem Topf erhitzen und darin die Zwiebelstreifen glasig dünsten. Den marinierten Rotkohl und die Rosinen in den Topf geben und bei mittlerer Hitze etwa 45 Minuten schmoren lassen.

**Zubereitungszeit: 1 1/4 Stunden**
**+ Marinierzeit: 1 Tag**

### Passt gut zu:

Gans mit Kalbsbrätfüllung, Schmorbraten, Sauerbraten nach rheinischer Art, Entenkeulen mit Pflaumen, Hasenkeulen in Portweinsauce, Böfflamot, Gebratener Truthahn, Rehschulter mit Johannisbeersauce

Zweierlei süße Beilagen zu Bratengerichten:

Für Schleckermäuler ... nicht Meckermäuler!

# Bratäpfel mit Marzipan

**Für 4 Portionen**

- 4 mittelgroße Äpfel
- 100 g Marzipan-Rohmasse
- 1 Ei (Größe L)
- 2 EL Rum oder Orangenlikör
- 1 EL Zucker
- 1/4 TL gemahlener Zimt
- Nach Belieben: 2 EL Rosinen
- Außerdem: 2 EL Butter, 4 EL Weißwein

**1** Die Äpfel waschen und mit einem Rundausstecher großzügig aushöhlen. Den Backofen auf 200 °C (Umluft 180 °C) vorheizen.

**2** Eine feuerfeste Form mit 1 Esslöffel Butter ausstreichen. Das Ei trennen. Das Marzipan mit dem Eigelb, Rum oder Orangenlikör, Zucker und Zimt verrühren. Nach Belieben Rosinen untermengen.

**3** Das Eiweiß zu steifem Schnee schlagen und unter die Marzipanmasse heben. Die Masse in die ausgehöhlten Äpfel füllen.

**4** Die gefüllten Äpfel in die Auflaufform geben. Rundherum mit Apfelsaft beträufeln und 1 Esslöffel Butter in Flöckchen daraufsetzen. Im vorgeheizten Backofen 25 bis 30 Minuten garen lassen.

**Zubereitungszeit: 45 Minuten**

### Variante:

Statt der Rosinen einige zerbröselte Amaretti-Kekse unter die Füllung geben.

# Marillenknödel von Oma Linz

**Für 4 Portionen**

- 8 bis 12 kleine, frische Aprikosen (Marillen)
- 8 bis 12 Stück Würfelzucker
- 250 g Quark (40 % Fett. i. Tr.)
- 250 g Mehl
- 3 EL Butter
- Salz
- Zum Schwenken: 3 EL Butter, 1 EL Zucker, 5 EL Semmelbrösel (Paniermehl)

**1** Die Aprikosen waschen, entsteinen und in die entstandenen Hohlräume Würfelzucker stecken. In einer Schüssel Quark, Mehl, Butter und 1 Prise Salz verkneten.

**2** Je eine Portion Teig abstechen, kneten, in den Händen zu einer runden Scheibe formen, eine Aprikose damit umhüllen und daraus einen Knödel formen.

**3** Die fertig geformten Marillenknödel in siedend heißes Salzwasser gleiten lassen. Bei mittlerer Hitze etwa 20 Minuten ziehen lassen.

**4** In einer großen Pfanne Butter und Zucker schmelzen lassen. Das Paniermehl darin kurz rösten und mit einem Schaumlöffel die Marillenknödel aus dem Kochwasser in die Pfanne heben. Die Knödel darin unter Schwenkbewegungen mit den Butterbröseln überziehen.

**Zubereitungszeit: 45 Minuten**

### Passt beides gut zu:

Entenkeulen mit Pflaumen, Gebratener Truthahn für Thanksgiving, Gans mit Kalbsbrätfüllung, Kasseler Rippenstück, Sauerbraten nach rheinischer Art, Böfflamot, Spanferkelkeule mit Dunkelbiersauce

# Maronengemüse

## Scharfe Mischung

**Für 4 Portionen**

4 Frühlingszwiebeln
1/2 getrocknete Chilischote, 1 Knoblauchzehe
250 g Chinakohl, 2 Möhren
100 g Champignons
150 g gekochte, geschälte Maronen
(Esskastanien, TK oder vakuumverpackt)
4 EL Pflanzenöl
Salz, schwarzer Pfeffer
50 ml trockener Sherry (Fino)

**1** Die Frühlingszwiebeln putzen und klein würfeln. Die Chilischote waschen, trockentupfen und zerbröseln. Die Knoblauchzehe abziehen und fein würfeln.
**2** Den Chinakohl entblättern, waschen und in Streifen schneiden. Die Möhren schälen und zuerst in längliche Scheiben und dann quer in Stifte schneiden. Die Champignons putzen und je nach Größe vierteln oder halbieren. Die Maronen grob hacken.
**3** Das Öl in einer großen Pfanne oder in einem Wok erhitzen. Chili, Knoblauch und Frühlingszwiebeln darin andünsten. Chinakohl, Möhren und Pilze einstreuen und unter Schwenken knackig anbraten.
**4** Das Gemüse mit Salz und Pfeffer würzen, mit Sherry ablöschen und dabei schwenken. Die Maronenstücke zum Erwärmen unterheben.
**Zubereitungszeit: 30 Minuten**

### Passt gut zu:

Truthahn, geschmortem Huhn, allen Wildgerichten, aber auch zu Enten- und Hasenkeulen

### Profitipp:

Unter das Gemüse, je nach Wahl des jeweiligen Bratenrezeptes aus diesem Buch, Pfifferlinge, gemischte Pilze, auch Wirsingstreifen oder Kohlrabi mischen. Statt Maronen können Sie auch Wasserkastanien aus der Dose (Asialaden) verwenden.

# Saures Kartoffelgemüse

## ... im bayerischen Gourmethimmel

**Für 4 Portionen**

1 große Zwiebel, 5 Wacholderbeeren
2 Lorbeerblätter, 2 Gewürznelken
1 l Fleischbrühe
1 kg Pellkartoffeln vom Vortag
50 g Butter, 2 EL Mehl, 1 EL Zucker
4 bis 5 EL Essig
Salz, weißer Pfeffer
Außerdem: 1/2 Bund Petersilie, frisch gehackt

**1** Die Zwiebel abziehen und vierteln. Zusammen mit den Gewürzen in der Fleischbrühe aufkochen und anschließend bei mittlerer Hitze 10 Minuten ziehen lassen. Durch ein Sieb passieren und beiseite stellen.
**2** Inzwischen die Kartoffeln schälen und in Scheiben schneiden. Die Butter in einem Topf heiß schäumend erhitzen. Mehl und Zucker einrühren und eine helle Schwitze zubereiten.
**3** Die Mehlschwitze mit Fleischbrühe aufgießen und einige Minuten unter Rühren offen kochen lassen. Die Kartoffelscheiben zufügen, alles mit Salz, Pfeffer und Essig würzen. Einige Minuten einkochen lassen. Die Petersilie einstreuen und sofort servieren.
**Zubereitungszeit: 30 Minuten**

### Passt gut zu:

Schweinebraten, Tafelspitz, Hackbraten, Krustenbraten, Schweinenacken

### Tipp:

Bayerische Hausfrauen nehmen auch gerne den Rest des Kartoffelsalats vom Vortrag für dieses süß-säuerliche Kartoffelgericht – quasi als Variante zum Vortag. Dazu einfach die Mehlschwitze zubereiten, den Kartoffelsalat in einem Ruck unterrühren und mit der entsprechenden Menge heißer Fleischbrühe aufgießen. Der Kartoffelsalat ist ja schon genügend gewürzt und mit Essig abgeschmeckt.

# Grundsauce für Geflügel

## Die richtige Sauce verleiht Flügel ...

**Für 1 Liter**

- 500 g Geflügelknochen, -abschnitte und -innereien (z.B. Mägen, Herzen, Hals, Flügel)
- 1 Bund Suppengrün (Lauch, Möhre, Knollensellerie, Petersilienwurzel)
- 2 Stangen Staudensellerie oder etwas frischer Ingwer (nach Belieben, siehe Profitipp)
- 1/2 Bund gemischte Kräuter (Petersilie, Thymian, Liebstöckel)
- 4 EL Pflanzenöl
- 1 EL Tomatenmark
- 300 ml trockener Weißwein
- 3 l Geflügel- oder Gemüsebrühe
- 1 TL weiße Pfefferkörner
- 2 Lorbeerblätter

**1** Geflügelknochen, - abschnitte und -innereien unter fließendem kaltem Wasser waschen und mit Küchenpapier trockentupfen. Das Suppengemüse waschen und in kleine Stücke schneiden. Wenn Sie Sellerie verwenden, die Fäden von den Stangen abziehen und die Stangen klein schneiden. Oder: Den Ingwer schälen und in kleine Stücke schneiden.

**2** Das Pflanzenöl in einem großen, breiten Kochtopf erhitzen und darin unter Rühren die Geflügelteile und Innereien kräftig anbraten. Das vorbereitete Gemüse einstreuen und einige Minuten mitrösten. Das Tomatenmark zufügen und ebenfalls anrösten.

**3** Den Topfinhalt löffelweise mit dem Weißwein beträufeln und diesen reduzieren lassen; solange fortfahren bis der Weißwein aufgebraucht ist. Mit Brühe aufgießen. Die Pfefferkörner und die Lorbeerblätter hinzufügen und alles aufkochen lassen.

**4** Die Sauce bei mittlerer Hitze etwa 1 1/2 Stunden offen kochen lassen und dabei immer mal wieder umrühren. Den aufsteigenden Schaum an der Oberfläche mit einem Schaumlöffel abheben.

**5** Die fertige Sauce durch ein mit einem Küchentuch ausgelegtes Haarsieb passieren. Vollständig bei Zimmertemperatur abkühlen lassen, je nach Bedarf portionsweise einfrieren.

**Zubereitungszeit: 2 Stunden**

### Profitipp:

Selbst hergestellte Sauce – genau wie Fleischbrühe – am besten in Eiswürfelbehälter einfrieren. Für Kurzbratgerichte, für die eine kräftige Sauce wichtig ist, ein paar Würfel gefrorene Brühe in die Pfanne oder den Topf geben. Für große Bratengerichte die Sauce in Behältern mit etwa 200 Millilitern Fassungsvermögen einfrieren.

Die Beigabe von Ingwer oder Staudensellerie ist Geschmackssache. Für asiatische Gerichte ist es natürlich gut, die Grundsauce schon in dieser Richtung zu würzen. Eine neutrale Grundsauce gibt Ihnen jedoch mehr Möglichkeiten zur Weiterverarbeitung.

Sollten Sie häufiger ein Suppenhuhn oder Gemüse kochen, dann können Sie die Hühnerknochen und die Gemüsebrühe einfrieren und für die Weiterverarbeitung in oder zu einer Sauce verwenden.

# Grundsauce für Schwein, Rind und Lamm

## Ganz schön ausgekocht!

**Für 1 Liter**

**1 kg gehackte Knochen von Schwein, Rind (Kalb) oder Lamm**
**Salz, schwarzer Pfeffer, 1 Prise Mehl**
**1 Bund Suppengrün (Lauch, Möhre, Knollensellerie, auch Petersilienwurzel, Petersilienstängel)**
**1 Bund Petersilie oder andere Kräuter (siehe Profitipp)**
**2 große Zwiebeln**
**1 Knoblauchzehe**
**5 EL Pflanzenöl, 1 EL Tomatenmark**
**1/4 l Weißwein (Schwein und Kalb) oder**
**1/4 l Rotwein (Rind und Lamm)**
**3 l Fleischbrühe**
**2 Lorbeerblätter**
**1/2 TL schwarze Pfefferkörner**

**1** Die Knochen abwaschen und trockentupfen. Alles leicht salzen und pfeffern und mit Mehl bestäuben.

**2** Das Suppengemüse waschen und alles in gleichmäßig kleine Stücke schneiden. Die Petersilie waschen und die Stängel in kurze Stücke brechen. Die Zwiebeln und den Knoblauch abziehen und in Streifen schneiden.

**3** In einem großen, breiten Kochtopf das Pflanzenöl erhitzen und darin die Knochen sowie das Gemüse von allen Seiten anrösten. Tomatenmark hinzufügen und unter Rühren alles weiter rösten. Mit Wein löffelweise ablöschen, immer soweit bis fast alle Flüssigkeit verdampft ist. Das dauert 15 bis 20 Minuten.

**4** Alles mit Fleischbrühe aufgießen, Lorbeerblätter sowie Pfefferkörner einrühren und aufkochen lassen. Die Sauce bei mittlerer Hitze etwa auf ein Drittel einkochen lassen. Das dauert etwa 2 Stunden, dabei den entstehenden Schaum auf der Oberfläche immer wieder abschöpfen.

**5** Die reduzierte Sauce durch ein Haarsieb passieren und bei Zimmertemperatur vollständig abkühlen lassen. Die Sauce portionsweise einfrieren oder für den schnellen Gebrauch in verschlossenen Glasbehältern im Kühlschrank aufbewahren.

**Zubereitungszeit: 3 Stunden**

### Passt gut zu:

Die jeweiligen Grundsaucen sind für alle Bratengerichte in diesem Buch zu empfehlen.

### Profitipp:

Die Grundsauce wird durch das Rösten von Knochen, Gemüse sowie Tomatenmark und das portionsweise Ablöschen mit Wein geschmacklich intensiver. Sehr empfehlenswert ist auch die Zugabe von Fleischabschnitten, extra fleischigen Knochen, Häuten und Sehnen. Das stundenlange Auskochen garantiert einen würzigen Geschmack.

Für die Wahl des Weines gilt: Die Grundsauce für Schweinefleisch mit Weißwein, für Lamm und Rind immer mit Rotwein herstellen. Für eine helle Kalbfleischsauce wird Weißwein verwendet.

Bei der Wahl der Kräuter darauf achten, dass beispielsweise in der Grundsauce für Lamm Minze, Thymian und Basilikum integriert ist. Bei der Sauce für Schweinefleisch vorrangig Petersilie wählen, eventuell ein wenig Thymian oder Rosmarin zugeben. Bei der Grundsauce für Rind gemischte Kräuter mit Basilikum, Rosmarin und Petersilie wählen.

Die Sauce lässt sich auch hervorragend im Backofen zubereiten: Dazu alle Zutaten in einem großen Bräter auf dem Herd anrösten, mit Flüssigkeit aufgießen und für etwa 3 Stunden zum Schmurgeln in den vorgeheizten Backofen bei 180 °C (Umluft 160 °C) stellen. Zwischendurch immer wieder umrühren.

Profiköche geben zum Schluss gefrorene Fleischbrühe aus einem Eiswürfelbehälter in die fertige Sauce, um sie schneller runter zu kühlen.

# Grundsauce für Wild

## ... halb so wild in der Zubereitung!

**Für 1 Liter**

- 1 kg klein gehackte Wildknochen und Fleischabschnitte
- 1 TL Mehl
- 100 g Räucherspeck
- 1 Bund Suppengrün (Lauch, Möhre, Knollensellerie)
- 1 große Zwiebel
- ½ Schale von einer unbehandelten Zitrone
- 1 kleine Orange
- ½ Bund gemischte Kräuter (Petersilie, Thymian, Rosmarin)
- 1 kleiner säuerlicher Apfel
- 5 EL Pflanzenöl
- 1 EL Tomatenmark
- 5 EL Wacholderbranntwein (Gin)
- ¼ TL gelbe Senfkörner
- 8 bis 10 Wacholderbeeren
- 5 Gewürznelken
- 1 TL weiße Pfefferkörner
- 4 Lorbeerblätter
- ¼ Zimtstange
- 1 l trockener Rotwein
- 2 l Gemüsebrühe
- Salz, 1 TL scharfer Senf
- 2 EL Preiselbeeren
- Nach Belieben: 1 EL getrocknete Pilze

**1** Wildknochen und Fleischabschnitte unter fließendem kaltem Wasser waschen, mit Küchenpapier trockentupfen und mit Mehl bestäuben. Den Speck in kleine Stücke schneiden.

**2** Das Gemüse waschen und klein schneiden. Die Zwiebel abziehen und in grobe Stücke schneiden. Die Zitronenschale sowie die Orange heiß waschen und mit Küchenpapier fest abreiben. Die Kräuter waschen und kleiner schneiden.

**3** Den Apfel waschen, vierteln und entkernen. Das Pflanzenöl in einem großen, breiten Kochtopf erhitzen und darin Knochen, Räucherspeck sowie Fleischabschnitte von allen Seiten kräftig rösten. Gemüse und Früchte hinzufügen und unter Rühren einige Minuten weiterrösten.

**4** Den Topfinhalt mit Tomatenmark durchrösten und esslöffelweise mit Wacholderbranntwein ablöschen. Senfkörner, Wacholderbeeren, Gewürznelken, Pfefferkörner, Lorbeerblätter und Zimt im Mörser grob zerreiben und in den Topf streuen.

**5** Alles mit Rotwein sowie mit Brühe aufgießen und aufkochen lassen. Bei mittlerer Hitze etwa 2 Stunden offen kochen lassen. Nach Belieben getrocknete Pilze einstreuen. In den letzten 30 Minuten mit ganz wenig Salz, Senf und Preiselbeeren abschmecken.

**6** Die Sauce durch ein mit einem Küchentuch ausgelegtes Haarsieb passieren und bei Zimmertemperatur vollständig abkühlen lassen. Portionsweise einfrieren oder gut abgedeckt zur raschen Verwendung im Kühlschrank aufbewahren.

**Zubereitungszeit: 2 ½ Stunden**

### Profitipp:

Ein feinmaschiges Haarsieb hält zwar die meisten feinen Partikelchen (etwa feinste Knochensplitter) zurück, mit einem Küchentuch ist es jedoch sicherer.

Sie können in der Wildsauce auch Champignons oder Pilzabfälle vom Putzen mitkochen.

Alkoholgegner können Wacholderbranntwein und Rotwein durch die Zugabe von entsprechend mehr Brühe ersetzen. Zwar verdampft der Alkohol sowieso vollständig, er verleiht der Sauce aber einen besonderes Aroma.

# Rezeptregister

## Bratenrezepte

## Beilagen und Grundsauce



## Kurzrezepte unter den Stichworten: Beilagenempfehlungen, Profitipps und Wenn ein Rest bleibt



## Abkürzungen im Buch:

| | | |
|---|---|---|
| EL / TL | = | Esslöffel / Teelöffel |
| g / kg | = | Gramm / Kilogramm |
| l / ml | = | Liter / Milliliter |
| TK | = | Tiefkühlware |
| °C | = | Grad Celsius |

**Die Autorin:**
**Rose Marie Donhauser** ist Mitglied im FEC (Food Editor Club) und zählt mit inzwischen mehr als 70 veröffentlichten Büchern zu den erfolgreichsten deutschen Kochbuch-Autorinnen. Für zwei ihrer Bücher im Seehamer Verlag erhielt sie internationale Auszeichnungen. Neue Ideen und Anregungen für Ihre Kochbücher holt sie sich auf zahlreichen (Gourmet-)Reisen und bei ihrer Arbeit als Restauranttesterin.

**Der Weinexperte:**
**Dirk Gießelmann**, Spross der ältesten Weindynastie Berlins (sein UrUrUrUr-Großvater Simon Habel war Kellermeister bei Friedrich dem Großen), trat nach der Ausbildung zum Weinhandelsküfer und einer zweiten Lehre als Hotelkaufmann in die Familienfirma ein, bevor er sich mit seiner „Wein Compagny" selbständig machte. Inzwischen betreibt er eine Agentur für Weinfachberatung und Weinseminare in Berlin.

**Das Fototeam:**
**Rolf Seiffe** zählt zu den besten Foodfotografen Deutschlands. Seine Spezialität ist die Arbeit mit Tageslicht, das seinen Bildern ein Höchstmaß an Authentizität verleiht. Seine Auftraggeber sind sowohl Buch- und Zeitschriftenverlage als auch Kunden aus der Werbung.
**Christian Splettstösser** ist seit vielen Jahren Partner von Rolf Seiffe. Als Koch und Foodstylist versteht er es, Rezepte immer wieder überraschend zu präsentieren.

**Dank**
Ein besonderer Dank gilt „Pomp Duck"-Chef und Sternekoch **Hans-Peter Wodarz**, der das Rezept für die *Gans mit Kalbsbrätfüllung* zur Verfügung stellte sowie der Wirtin und Köchin **Berta Unterberger** vom „Taxbauerngut" Bruck-Hundsdorf in Österreich, die der Autorin das Rezept für *Spanferkelrücken mit Gemüse-Brotteig-Füllung* verriet. Dem Küchenchef des Restaurants „Louis" in Berlin, **Holger Zurbrüggen**, der das Rezept für die *Geschmorte Lammbrust in Süßholz und Brinjal* beisteuerte, gebührt ebenfalls ein besonderer Dank.



Anregungen und Hinweise sind jederzeit willkommen:
info@seehamer. de oder Postfach 61, D-83629 Weyarn
Besuchen Sie uns auch im Internet: www.seehamer.de


Gestaltung, Satz und Redaktion: Bine Cordes, Weyarn
Foodstyling: FOOD CENTRALE Hamburg/Christian Splettstösser
Fotos: FOOD CENTRALE Hamburg/Rolf Seiffe
sowie PhotoAlto auf den Seiten 137, 140 und
imagesource auf den Seiten 143, 147
Lektorat: Dr. Ute Paul-Prößler
Lithographie: inteca Media Service GmbH, Rosenheim
Druck und Bindung: Stalling, Oldenburg
ISBN 3-934058-62-0